Catrin George Ponciano

111 Orte im Alentejo, die man gesehen haben muss

111

emons:

Für Papa

Niemand will etwas von uns wissen
Vielleicht lebt gerade deswegen alles Schöne bei uns fort
(Volksmund)

In Andenken an Catarina Eufémia

Bibliografische Information der Deutschen Nationalbibliothek
Die Deutsche Nationalbibliothek verzeichnet diese Publikation in der Deutschen Nationalbibliografie; detaillierte bibliografische Daten sind im Internet über http://dnb.d-nb.de abrufbar.

Gestaltung: Eva Kraskes, nach einem
Konzept von Lübbeke | Naumann | Thoben
Kartografie: altancicek.design, www.altancicek.de
Kartenbasisinformationen aus Openstreetmap,
© OpenStreetMap-Mitwirkende, ODbL
Druck und Bindung: Himmer GmbH Druckerei & Verlag, Augsburg
Printed in Germany 2021
ISBN 978-3-7408-1067-2
Originalausgabe

Vorwort

Bem-vindos – Herzlich willkommen im Alentejo

Sanft hügelig wellt sich die Provinz des Alentejo ab Lissabon gen Süden bis zur Algarve, westlich am Atlantik, östlich an der spanischen Extremadura entlang. Steinzeitlich alt ist der Alentejo, wovon Megalith-Steinkreise und Höhlenmalerei erzählen. Knorrig ausladende Korkeichen, deren Wipfel wie Schirme über den mit Wildblumen kunterbunt betupften Wiesen und stoppelgelben Getreidefeldern aufgespannt sind, schraffieren die Landschaft bis zum Horizont.

»Land ohne Schatten« nennen die Alentejanos ihre Heimat. Lusitaner sind sie. Furchtlos, tüchtig, fleißig. Mit Leib, Seele und ihrer Hände Arbeit mit ihrer Muttererde verbunden. Alles passiert hier in einem ureigenen Lebensrhythmus. Deswegen lässt sich der Alentejo am besten mit Bedacht erkunden, blättert er unterwegs seine besänftigende Weite auf und entblößt sein eigenwillig reizvolles Stillleben mit unterwartet großer Kulturvielfalt. Zeit sollte man mitbringen für die Erkundung all der imposanten Ritterburgruinen und das Bestaunen kurioser Raritäten in lokalen Museen und vor allem für die atemberaubende Südwestküste am Atlantischen Ozean.

Von Krieg und Frieden erzählen munter all die Weltkulturerbestätten und vom tausendjährigen Hin und Her der Kulturen die mittelalterlichen Festungsstädte. Kunsthandwerk verrät dem Reisenden, wie die Menschen vor Ort leben, und symbolträchtige Denkmäler zeigen, von was sie träumen. Für Gedankenpausen am Wegesrand sorgen Lukullus und Bacchus.

Folgen Sie mir in das andere, in das verschwiegene Portugal, wo Schmugglerinnen Kaffee gegen Bombazin tauschten, wo das Traumpferd des Königs wiehert, wo Antoni Gaudí Inspiration für seine Kunst bei der Heiligen Santa Maria fand und wo Tümmler im Mondlicht tanzen.

Freuen Sie sich auf märchenhaft poetische, skurril grausame, magisch-mystische und traumhaft romantische Orte im Alentejo – in diesem Buch gleich 111 Mal.

Bem Hajem! Gute Reise.

111 Orte

1 Die Trash-Animal-Schnecke

Im Schneckentempo fährt man besser

Hinter dem Künstlernamen Bordalo II verbirgt sich Artur Bordalo, Enkel des verstorbenen Aquarellkünstlers Artur Real Chaves Bordalo. Seine Jugend hat der Enkel fast ausschließlich in der Künstlerwerkstatt des Großvaters verbracht, die Lust am Farbenspiel für sich entdeckt und sich in die Fakultät der Schönen Künste in Lissabon eingeschrieben. Acht Jahre studierte Bordalo II Kunstgeschichte, experimentierte mit Keramik, Skulptur, Design, bis er die passende Materie für seinen kreativen Motor fand: Abfall.

Seine Umwelt betrachtet Bordalo II bekennend kritisch. Er hinterfragt Fakten und zieht eigene Rückschlüsse, speziell über das Verhältnis zwischen Natur und Mensch. »Bimba«-Kunst wolle er keine machen, sagt er, sondern etwas mit Konzept und Botschaft.

Vor allem der Konsumüberfluss des Westens treibt den mittlerweile weltberühmten Trash-Künstler um. Deswegen verwendet er in der jetzigen Phase seines künstlerischen Outputs Abfallprodukte. Verpackungen aus Plastik finden in seinen Installationen eine neue Bestimmung. Gorilla, Orang-Utan, Flamingos, Luchs, Bären prangen an Mauern in Australien, Japan, Haiti, San Francisco, New York, Hamburg, Paris – und natürlich in seiner Heimatstadt Lissabon. Die Mülltiere sind lebenstreu nachgebildet und als Plastik oder Halbplastik gearbeitet. Bordalos meterhohe Abfall-Metamorphosen sind zu einer eigenen »Trash-Animal«-Serie zusammengefasst, bekannt auf der ganzen Welt. Orte mit seiner Kunst zu dekorieren liegt Bordalo II jedoch völlig fern. Er will auf vom Aussterben bedrohte Tierarten hinweisen, auf die Überflussmentalität allgemein, auf Ungereimtheiten in der Gesellschaft.

Gelungen ist ihm das auch wieder in Alandroal, wo zwei seiner Trash-Schnecken am Straßenrand stehen, als riefen sie laut: »Langsamer!« Ein Symbol für die Schnelllebigkeit unserer Zeit.

Adresse Monte Fonte Santa, Estrada N255, 7250-201 Alandroal | Anfahrt A6, IP2 Évora, N254 Redondo, N254 Borba, Abzweigung N373 Alandroal, Abzweig N255 Richtung Reguengues de Monsaraz, nach etwa 10 Kilometern rechts | Tipp Das Haus »Monte Fonte Santa« in Alandroal zeigt noch mehr Street-Art von Vhils, Add Fuel und Odeith. Nicht verpassen: die Burganlage und der quirlige Dorfplatz.

2 Die Fisch- und Salz-Galeere

Rudern und Segeln bis Holland

Portugal und das Meer leben in glücklicher Symbiose. Traditionell verdingt sich die eine Hälfte aller Portugiesen am Arbeitsplatz Meer und die andere in der Landwirtschaft. Diejenigen, die als Bauern *und* Fischer arbeiten, nannte man früher scherzhaft Amphibien und ihre Gartenfläche »Minifundium«, weil sie unabhängig ihr Auskommen hatten und nicht wie die meisten anderen als Tagelöhner auf einem Latifundium arbeiten mussten. Fisch diente den Familien als Nahrung, aber auch als Tauschmittel für fehlende Dinge. Als Ware auf den Markt gelangte Fischfang kaum. Warum denn kaufen, wenn man ihn selbst angeln konnte? Erst die steigende Nachfrage nach Frisch- und Dosenfisch Mitte des letzten Jahrhunderts sowie als Restaurantspeise für Touristen sorgte für wirtschaftlichen Aufschwung im Fischereigewerbe. Portugals Fischfangflotte wuchs zu einer der größten Europas.

Für das Schwarmfischen brauchte man allerdings einen anderen Bootstypus als das traditionelle »Lanche«. Robust, manövrierfähig und mit großer Ladekapazität für den lukrativen Sardinenfang ausgestattet sollte es sein. Inspiriert von der ausladend geformten Seefahrer-Karavelle, konzipierten Schiffsbauer eine Fisch- und eine Salz-Galeere. 16 Meter lang und vier Meter breit waren die »galeão da pesca«, die Fischerboote mit Schrägmast, Segel und 44 Ruderern an Bord. Die ebenso mit Muskelkraft wie mit Wind angetriebene Salz-Galeere »galeão de sal« diente hingegen Salzhändlern, um ihr weißes Gold von den Salzgärten am Sado zu den Marktplätzen Portugals, Spaniens, Frankreichs und sogar bis nach Holland auszuliefern. Bis der Transport auf Rädern den auf dem Wasserweg ablöste. Die Galeeren wurden ausgemustert.

Zwei Repliken liegen am Südufer in Alcácer am Kai und laden unter der Schirmherrschaft des Rathauses an bestimmten Tagen zu einer romantischen Flussfahrt ein – am besten zum Sonnenuntergang.

Adresse Anlegesteg Margem Sul, 7580-135 Alcácer do Sal an der N120 | **Anfahrt** A2 Alcácer do Sal, IC1, N5 durch Alcácer do Sal bis Kreisverkehr, hinter der Brücke rechts, rechts zum Hafen abbiegen | **Öffnungszeiten** Der Anlegesteg liegt am Südufer zwischen Klappbrücke und Fußgängerbrücke. Information über Abfahrtszeiten und Programm erteilt das Rathaus oder das Tourismusbüro, wo man auch gleich buchen kann. | **Tipp** Auf der Uferpromenade bieten Gourmet-Boutiquen lokale Spezialitäten wie Pinienkerne, Salzblüte und Olivenöl an.

3 Die Maurenfestung

In der Kommandozentrale der Schwertritter

Ein schillernd grüner Teppich Reispflanzen wiegt sich im Wasserspiegel entlang der Ufer des Rio Sado und verschmilzt mit dem glühenden Blau des Himmels. Die frühere Nationalstraße N120 zwischen der Algarve und Lissabon durch den Alentejo macht einen Knick. Hinter der Kurve erhebt sich die über tausend Jahre alte Maurenburg von Alcácer do Sal aus dem Dunst der Flussaue – das bis zur christlichen Rückeroberung größte maurische Fort auf der Iberischen Halbinsel.

In die Burgstadt hinein gelangt man über eine 107 Meter lange, von Eiffel designte Klappbrücke aus Eisen, die eine adäquate Einfahrt in die bedeutende mittelalterliche Stadt erlaubt.

Die Bastion auf der Hügelkuppe war einst von 25 Meter hohen Wachtürmen umstellt. Insgesamt 20 Türme waren es, drei von ihnen wurden grundsaniert und in den gegenwärtigen historischen Hotelkomplex eingebettet. Der Hauptturm ist achteckig und erinnert optisch an den berühmten Torre d'El Oro in Sevilla. Über 60 Meter hoch thront das Kastell über dem Fluss. Die mehrere Meter dick erbaute Burgmauer aus Kalkstein, Lehm und Muschelkalk umschloss früher ein Karree von der Größe von etwa sechs Fußballfeldern. Besiedelt ist der Hügel jedoch schon seit der Eisenzeit und gewann besonders mit der Ankunft der Phönizier und Römer als Marktplatz für Meersalz und Getreide an kommerzieller Bedeutung. Die maurische Festung widerstand vielen Angriffen, auch einfallenden Wikingerhorden im 11. Jahrhundert. Erst den Santiago-Kreuzrittern gelang es, die Burg zu erobern. Von hier aus dirigierte der Schwertorden die Reconquista gegen den Islam bis zur Algarve und errichtete in der ehemaligen Privatmoschee des besiegten Wesirs von Alcácer eine katholische Kapelle. Um dem päpstlichen Mandat, die Welt zu evangelisieren, Ausdruck zu verleihen, weihte der Santiago-Großmeister zu Ehren der Mutterkirche Roms den Tempel der »Santa Maria de d'Aracoelli«.

Adresse Castelo de Alcácer, Rua do Convento de Aracoelli 12, 7580-131 Alcácer do Sal | Anfahrt A2 Alcácer do Sal, IC1, N5, am Lidl gegenüber rechts abbiegen in die Rua Arlindo Passos und der Beschilderung »Castelo« bis zum Parkplatz vor der Burg folgen | Tipp Im Kellergeschoss des charmanten, im ehemaligen Kloster befindlichen Hotels wurde die einstige Krypta in ein archäologisches Museum mit Fundstücken aus 2.700 Jahren Besiedelungsgeschichte umgewandelt.

4 Der Weg durch Reisfelder

Ernte zwischen Ebbe und Flut

Reis, das Urnahrungsmittel aus Asien, erreichte Europa mit Alexander dem Großen via Indien. Auf die Iberische Halbinsel gelangte die Pflanze mit den Arabern. Fortan bereicherte Reis die lusitanische Küche als Beilage, Hauptspeise und Dessert. In den Mündungsgebieten der großen Flüsse entlang Portugals Küste optimal kultivierbar, ersetzte der Reisanbau in den Deltas des Mondego, Tejo und Sado rasch den wesentlich aufwendigeren Getreideanbau. Die zarte Pflanze verträgt sich mit dem Meerwasser gut. Ebbe und Flut machen die Reisbauern sich geschickt als elementare Helfer zunutze. Mit einlaufendem Meer fluten sie die Felder, bei auslaufendem Meer ernten sie reife Reissamen.

Die Reisfelder von Alcácer do Sal dehnen sich an beiden Flussufern landeinwärts aus sowie am Meer rund um die Bucht von Setúbal bis nach Comporta und der Südwestküste am Atlantik. Bauernkönig Dom Dinis ließ die Reisfelder nach der christlichen Rückeroberung flurmarkieren, damit bekamen sie rechtmäßige Eigentümer, und Reis wurde offizielle Handelsware. Mit den portugiesischen Seefahrern gelangten Korn und Pflanze aus Portugal als Exportgut nach Süd- und Nordamerika. Der Reishandel bescherte den Reisebauern Wohlstand, allerdings tauchte mit wachsender Anbaufläche ein Problem auf: Im Brackwasser wimmelte es von Mückenlarven. Es gab Plagen und Fieber. Den Reisbauern liefen die Pflücker davon. Der Anbau stagnierte. Heute helfen Drainagen und ein ausgeklügeltes Bewässerungssystem, der Reisanbau floriert. Allein in Alcácer do Sal wird ein Drittel der jährlich insgesamt 150.000 Tonnen Reis in Portugal produziert.

Der Rundwanderweg PR1-ASL »Rota do Senhor dos Mártires« beginnt und endet am Rathausplatz. Er führt an Sehenswürdigkeiten vorbei zum Aussichtspunkt Santa Luzia, zur gotischen Märtyrerkirche, einer der ältesten Kirchen Portugals, am Fluss und Kanal entlang durch idyllische Flussauen und Reisfelder.

Adresse Rathaus Câmara Municipal, Praça Pedro Nunes, Avenida João Soares Branco, 7580-189 Alcácer do Sal | Anfahrt A2 Alcácer do Sal, IC1, N5 durch Alcácer do Sal bis Kreisverkehr vor der Brücke, dort rechts gen Westen abbiegen auf Avenida João Soares Branco | Tipp Die Wanderkarte mit Routenbroschüre ist im Rathaus oder im Tourismusbüro erhältlich. In der Markthalle »Mercado Municipal« an der östlichen Uferpromenade kann man lokal produzierten »Carolina«-Reis kaufen und das köstliche Honig-Pinienkernkonfekt »Pinhoada«.

5 Die Calçada Romana

Eine Autobahn der Römer

Bequem reist man heute auf Nationalstraßen und Landstraßen, hin und wieder auch über die Autobahn, und erreicht flott das nächste Ziel. In der größten Provinz Portugals, die weniger als eine halbe Million Einwohner ihre Heimat nennen, misst man Zeit von jeher anders als anderswo. Der Tag dauert eben von der Morgendämmerung bis zum Abendrot. Es passiert nicht viel in den abgelegenen Weilern, deren Dachziegel in der Sonne leuchten und deren Kirchen ihre Türme keck in den glühend blauen Himmel recken. Und weil nichts passiert, verläuft der Alltag gemütlich in seinem ureigenen Rhythmus. Die fleißigen Alentejanos verrichten stoisch klaglos ihr Tagwerk. Humor haben sie, der liebenswert stichelnd Ausdruck findet und das zwischenmenschliche Miteinander verbal versüßt. Man schickt zum Beispiel niemanden in die Wüste und auch nicht dorthin, wo der Pfeffer wächst. Man sagt eher: »Geh dahin, wo der Teufel seine Mutter verloren und nie wiedergefunden hat«, und das ist »logo alí«. Zu Deutsch: gleich da drüben. Damit kann alles zwischen 50 Meter und 50 Kilometer gemeint sein. Im Alentejo ist nämlich alles, was man mit bloßem Auge sehen kann – und das ist in der sanften Hügellandschaft sehr viel – und ebenso alles, was man nicht sehen kann, »gleich da drüben«.

In der Gemeinde Torrão kreuzen sich vier spätantike Handelsrouten: jene von Alcácer do Sal, Beja, Ferreira und Alcáçovas. Torrão war deswegen jahrhundertelang ein florierender Handelsplatz. Hier wurden Waren umgeladen und über die durch Portugal wie ein Spinnennetz verlegte »Via Romana« in alle Himmelsrichtungen weitertransportiert.

Neben der heutigen N5-2 verbirgt sich in einem Kermeseichenhain ein archäologisches Fundstück der römischen Fernstraße »Calçada Romana« aus den Jahren 293 bis 305 nach Christus. Beim Balancieren über die abgewetzten Steine bekommt Zeit dann ganz von selbst eine gemütlichere Dimension – passend zum Alentejo.

Adresse Calçada Romana, 1 Kilometer nördlich von Torrão | **Anfahrt** A2, in Alcácer do Sal Abzweig N2/N5-2 – Richtung Alcáçovas, hinter Torrão am nördlichen Xarrama-Ufer, wenige Meter nach der Wallfahrtskapelle »João Nepocmoceno« links gelegen | **Tipp** Im Ort lohnen ein Besuch im Heimatmuseum »Museu Etnográfico de Torrão«, untergebracht in einer ehemaligen Olivenölmühle, der Aussichtpunkt an der Ermitage »Bom Successo« und ein Spaziergang durch den ländlichen, historischen Ortskern mit Pause und Einkehr an der Talsperre »Barragem de Vale do Gaio« am südlichen Ende des Stausees (zehn Minuten Fahrt Richtung Alcácer do Sal auf der N5-2).

6 Der königliche Landpalast

Der Traktat von Alcáçovas und Toledo

Bei Hof tuschelte man – angeblich – pikiert über Mätressen, Konkubinen und über Kinder aus solchen Liaisons, die von der Thronfolge ausgeschlossen blieben. Dennoch wurde anno dazumal in Portugal ein illegitimes Kind zum Thronerben bestimmt, nämlich der Sohn des dichterisch besungenen Königs Dom Pedro I. mit dessen, hört, hört, zweiter Konkubine. Noch als Prinz besiegte der Sohn den Feind Kastilien 1385 in der Schlacht von Aljubarrota und ging als Held in die Nationalgeschichte ein.

Er rettete damit Portugals Souveränität und wurde zum Dank vom Oberhaus zum König Dom João I. von Portugal ernannt. Seine Enkelin Isabel heiratete zur Festigung der geografisch nachbarschaftlichen Allianz König Don Juan II. von Kastilien – was kurze Zeit darauf in Toledo in der Ständeversammlung eine Erbfolgedebatte heraufbeschwor, als die hochschwangere Prinzessin Johanna von Kastilien ihrerseits einen Anspruch auf den Thron erhob.

Der Kastilische Erbfolgekrieg entbrannte. Bis der portugiesische König dem »Cortes« in Toledo ein Tauschgeschäft vorschlug: Thronrecht gegen eine Inselgruppe. Den Botschafter aus Toledo empfing König Afonso IV. im Landpalast dos Henriques in Alcáçovas. Während des diplomatischen Kräftemessens schob man auf einer Seekarte so lange die Archipele vor der westafrikanischen Küste hin und her, bis man sich einig war. Die Kanarischen Inseln fielen unter kastilische Hoheit, Madeira mit den Azoren unter portugiesische. Johanna ging leer aus, und Isabel wurde Königin von Spanien. Anno 1494 wurde per päpstlicher Bulle »Inter caetera« basierend auf dem Vertrag von 1479 in Alcáçovas die Vorherrschaft auf den Weltmeeren ratifiziert – zugunsten Portugals.

Die gesammelten Muscheln aus allen Weltmeeren wurden an und in der Kapelle und Sakristei im anliegenden Park zu kunstvollen Mosaiken gelegt – ein einzigartiges Werk der Muschelfassadenkunst in dörflicher Umgebung.

Adresse Paço dos Henriques, Praça da República, 7090-026 Alcáçovas | **Anfahrt** A6, in Montemor-o-Novo auf N2 Richtung Alcáçovas, vor dem Kreisverkehr links Rua de Alcácer, am Ende links abbiegen in die Rua Dr. Aleixo de Abreu und am Palast parken | **Öffnungszeiten** Di–Sa 9.30–13 und 14–17.30 Uhr | **Tipp** Besichtigen Sie die Barockkirche »Igreja Matriz de São Salvador« und den historischen Ortskern, besondere Beachtung verdient die Kaminschlotarchitektur. Mittagstisch kann man im Restaurant »Sabores da Vila« einlegen, N2 Richtung Torrão, und dort unbedingt den Fischtopf »sopa de cação« im Koriandersud probieren.

7 Die Weltkulturerbe-Kuhglocke

Das Klanggeheimnis des Mestre Chocalheiro

Ende Juli treffen in Alcáçovas von überall her Hirten mit ihren Herden zur gemeinsamen Schafschur ein. Mit hübschen Mädchen tanzen, Witze hören und erzählen wollen sie auch. Sonst hört der Hirte wochenlang bloß den Wind, Hundegebell, den Schrei der Raubvögel – und das Gebimmel der Glocken am Hals seiner Leittiere, damit er weiß, wo sie weiden.

Wobei, Glocken sind es streng genommen keine, sondern zylinderförmige Klangkörper namens »Chocalhos«, in Afrika als Signalinstrument benutzt. Mit Holzklöppel angeschlagen echot das dumpfe Scheppern kilometerweit. Kurioserweise tönt jeder »Chocalho« anders. Wo die Herde grast, erkennt der Hirte am Klang.

Der schlanke Zylinder wird nicht gegossen, sondern jeder einzeln geschmiedet. Hierzu vereint der »Chocalheiro« altertümliches metallurgisches Wissen mit Schmiedekunst. Jeden Rohling klopft er kalt auf einem Amboss zum Zylinder zurecht. Diese werden anschließend jeder für sich in ein Tonerde-Kuhmist-Gemisch eingeknetet. Zwischen Metall und Matsch schiebt der Meister Messingplättchen, dann verschließt er die Form und bohrt unten ein Luftloch hinein. Im Brennofen dreht er die Form während des Brennens mehrmals, damit sich das durch die Hitze flüssig gewordene Messing gleichmäßig verteilt. Flackert eine bläuliche Stichflamme im Luftloch, ist es so weit. Mittels Zange bugsieren Helfer die glühende Tonform erst auf den Boden und anschließend ins kalte Wasser. Die tönerne Kruste platzt, zum Vorschein kommt der Glockenkörper.

Damit das bisher mündlich überlieferte Wissen als geschütztes Handwerk fortlebt, hat die UNESCO-Kommission die portugiesische Kuhglocke Ende 2015 zum immateriellen Weltkulturerbe erhoben. Zum Schluss dengelt der Meister dem Zylinder den Ton ein. Wie genau das funktioniert, bleibt sein Geheimnis.

Adresse Fábrica Chocalhos Pardalinho, Zona Industrial de Alcáçovas, Rua dos Saberes e Sabores, 7090-020 Alcáçovas, geral@chocalhospardalinho.pt | Anfahrt A6, in Montemor-o-Novo auf N2 Richtung Alcáçovas, am Kreisverkehr links N257, im Ort rechts Richtung »Zona Industrial«, am Friedhof links, 1. Straße rechts | Öffnungszeiten Mo–Fr 8–18 Uhr | Tipp Bei den Chocalheiro-Meistern Francisco und Guilherme kann man auf Wunsch mit Namen, Initialen oder Familienwappen gravierte »Chocalhos« bestellen. Im Landpalast Paço dos Henriques an der Praça da República zeigt eine eigene Ausstellung alle Vorfahren der Meister aus Alcáçovas und die handwerkliche Entwicklungsgeschichte.

8 Das neue alte Dorf

Die Sackgasse ins Dunkel

Die Idee, den Grenzfluss Guadiana zwischen Spanien und Portugal zu stauen, wurde vor über 50 Jahren geboren. Der erste Spatenstich 1975 markierte die größte Baustelle Portugals für den größten Stausee Europas. Das Dorf Aldeia da Luz fiel dem Bau zum Opfer und wurde zwei Kilometer entfernt auf einem Hügel am Ufer des künftigen Sees 1:1 neugebaut. Im Jahre 2002 wurde die Talsperre geschlossen, das Bauerndorf versank vor den Augen der Bewohner.

Im neuen Dorf steht alles wieder an seinem angestammten Platz. Es gibt den Bäcker, den Frischmarkt, das Straßencafé, außerdem Schule, Kindergarten, Vereinslokal und Gemeindebüro. Die Fassaden der Häuser sind weiß, die Türen und Fensterrahmen rot und blau gestrichen. Zwischen Mönchsziegeln recken sich Schornsteinkamine über die Dächer empor, die an maurische Minarette erinnern. Das neue Dorf gleicht dem alten wie ein Ei dem anderen – und dennoch ist nichts mehr so wie früher.

Den Leuten fehlt die Patina der Erinnerung, die familiären Wurzeln, ein Heimatgefühl. Daran ändert der neue Friedhof auch nichts, wohin die Toten umgebettet worden sind. Im Gegenteil! Zuerst wurde die Totenruhe gestört, dann die exhumierten sterblichen Überreste zum neuen Dorffriedhof transportiert, um dort neu bestattet zu werden. Aber man stellte fest, dass die vom Bauträger ausgehobenen Gräber nicht breit und lang genug für die Särge waren, sodass die Familien gezwungen waren, die Gebeine ihrer Angehörigen in kleinere Zinksärge umzubetten, bevor sie diese ein zweites Mal bestatten konnten. Bei der neuerlichen Beisetzung weinte niemand, die Hoffnung begrub die Gemeinschaft gleich mit.

Seither blicken die Leute zum Fenster hinaus auf den See. Den Wänden der Häuser fehle Liebe und Licht, sagen sie. Geblieben sei bloß die alte Straße ins Dorf, die heute Sackgasse ist und im Wasser endet – im Dunkeln.

Adresse Aldeia da Luz, Largo da Igreja da Nossa Senhora da Luz, 7240-100 Luz Mourão | Anfahrt A6 und IP2 Évora, IP2, Ausfahrt Portel auf N256 nach Reguengos de Monsaraz, N256 nach Mourão, M 517 bis Abzweig Aldeia da Luz, Schildern »Museu da Luz« folgen | Tipp Das Museum »Museu da Luz« dokumentiert das Stauseeprojekt und den gesamten Umzug des Dorfes (www.museudaluz.org.pt). Im nahe gelegenen Mourão laden Burg und Dorf zum Spaziergang ein, beachtenswert sind besonders die maurischen Schornsteinschlote.

9 Der Förderturm

Meuterei unter Tage

»Eine Landschaft ist ein sozial-kultureller Spiegel«, fasste der Landschaftsarchitekt Gonçalo Ribeiro Telles seinen Eindruck vom Hüttenwerk von Aljustrel zusammen. Von der Aussichtsterrasse neben dem Förderturm Viana schaut man auf ausgebeutete Erde, die geologische Schätze wie Kupfer, Zink, Blei, Mangan und Eisenerz in sich birgt. Deren Wert für die Waffenschmiedekunst erkannten zuerst die Römer, hoben Stollen aus und erließen das Mineraliengesetz »Lex Metallis dicta«: »Die Grube diktiert die Belange der Gemeinschaft«, heißt es da. Das war auch noch während der faschistischen Diktatur Portugals so, als sich das Dasein der »Mineiros«, der Kumpel, im Dunkeln abspielte. Stets gefährdet, vergiftet, erschlagen oder erstickt zu werden.

In den 1950er Jahren wurde die Viana-Hütte modernisiert. Ein Hochofen sollte das bisher von Minenarbeitern durchgeführte Trennen der Erzmetalle von Schlacke ablösen, aber die Bevölkerung protestierte gegen die Giftwolke. So wurde die Esse woanders gebaut, das Mineralerz aber dennoch in Siedlungsnähe mit säurehaltigem Wasser ionisiert. Auch blieben die Grubenarbeiter unwürdig bezahlt und behandelt – und meuterten. Eine eigene Sicherheitspolizei diktierte die Regeln der Grube wie einst das römische Gesetz. Sie schlugen sofort zu, ohne zu fragen. Die Lage eskalierte. Zur Strafe hungerten Agenten der faschistischen Geheimpolizei PIDE gemeinsam mit der Minenpolizei die Aufständischen acht Tage und Nächte lang im Stollen bei Wasser und Brot aus, schalteten sogar das Licht ab. Danach kamen die Kumpels, dreckig und ausgehungert, wie sie waren, einen Monat lang in den Knast. Doch kaum auf freiem Fuß, verprügelten sie alle Minenpolizisten und ihre Spitzel und jagten sie samt ihren Familien aus Aljustrel fort. Zwar steht die Hütte längst still, doch die Erde glänzt wund und grau, als läge der Staub von den Gesichtern der Meuterer für immer hier ausgebreitet.

Adresse Chapeau de Ferro / Förderturm im Parque Mineiro de Aljustrel, Rua de Algares, 7600-068 Aljustrel | Anfahrt A2 Aljustrel, N261, Kreisverkehr »Centro«, Tankstelle rechts, nach der GNR am großen Kreisverkehr 1. Ausfahrt, im nächsten 2. Ausfahrt nehmen, nach etwa 300 Metern liegt links der Förderturm, rechts beginnt der Stelzenweg durch das Freiluftmuseum mit Grubenarbeitersiedlung | Öffnungszeiten Minenpark immer zugänglich; Höhle und ehemaliger Maschinenraum nur nach Voranmeldung im Tourismusbüro, Jardim 25 de Abril, in der ehemaligen Grundschule »Escola Primaria« | Tipp Ein Spaziergang durch Aljustrel führt zum Denkmal für die Meuterei im Park »Jardim de 25 de Abril«, zum Minenarbeiter-Ehrendenkmal in der Avenida dos Algares und im historischen Ortskern zur Treppe »Rua Nossa Senhora do Castelo«. Diese führt über 300 Stufen hoch auf den Hügel mit Kapelle, Burgruine und geodätischer Säule.

10 Europas größte Talsperre

Eine Alentejo-Utopie

Nichts ist unmöglich, solange es vorstellbar ist, lautet ein uraltes Sprichwort im Alentejo. Das beweist der Stausee Barragem de Alqueva, Arabisch für »See in der Wüste«, sinnbildlich übersetzt »Oase«. Gebaut wurde die Talsperre am Grenzfluss Guadiana wegen der alljährlich wiederkehrenden Wasserknappheit. Die Idee dazu hatten einige Bauern, die sich beim Bier überlegten, wie hilfreich es wäre, könne man den Fluss stauen und ein weit verzweigtes Kanalsystem anlegen. Die anfängliche Vision nahm bald auf dem Papier eines Agraringenieurs Gestalt an, und die Bauerngemeinschaft reichte ihren rudimentären Projektvorschlag beim Ministerium für Agrarwirtschaft in Lissabon ein. Der Plan gelangte rasch auf das Reißbrett der verantwortlichen Ingenieure für Wasserkraftwerke, die den utopischen Faden der Bauern begeistert weiterentwickelten und sich gleich über elektrische Ausbeute Gedanken machten, über die nötige Größe der Staumauer, die Tiefe des Sees und über die Länge der benötigten Verteilerkanäle für die Landwirtschaft.

Vom ersten Spatenstich bis zur Schließung der Talsperre in Alqueva vergingen sage und schreibe fast 30 Jahre. Acht weitere Jahre dauerte es, bis der 85 Kilometer lange See im Winter 2010 vollgelaufen war. Knapp drei Milliarden Euro verschlang das Projekt, doch es hat sich gelohnt. Die Landwirte sind zufrieden und müssen keine existenzbedrohenden Dürreperioden mehr befürchten. Mehr als tausend Kilometer Ufer umarmt die größte gestaute Wasserblase Europas, wie Kapillare dehnen sich Seitenarme in die lieblich-hügelige Landschaft aus. Blaue Finger, die die Erde tränken.

Mittlerweile hat sich die Talsperre zum Giga-Biotop mit Naherholungsgebiet gemausert, mit Sandstränden, Wassersport, Wanderwegenetz, und eine Reihe erstklassige Winzer hat sich hier niedergelassen. Im Abendlicht versinken Landschaft und Dörfer in atemberaubendem Purpur. Eine wahr gewordene Utopie.

Adresse Barragem de Alqueva, N255 zwischen Alqueva und Moura | Anfahrt A2 Ausfahrt 10 IP8/N121 nach Ferreira do Alentejo und Beja, IP2 Richtung Évora, Ausfahrt Vidigueira, Nord N258 nach Pedrogão/Moura, N255 nach Alqueva/Reguengos de Monsaraz | Tipp Im Sporthafen Alqueva kann man Bootstouren buchen, am »Praia de Fluvial« in Amieira schwimmen gehen und im Hafen von Amieira ein Hausboot mieten, damit eigenständig den See erkunden und an Bord schlafen.

11 Der Dorfplatz

Das beste Dutzend gegen gräfliche Knechtschaft

Im Alentejo befahl jahrhundertelang entweder der Feudalherr über eine Liegenschaft als Lohn für treue Dienste – oder religiöse Orden. Doch egal, ob die Herrschaften an Gold oder an göttlichen Segen glaubten, Bauern wurden geknechtet und Händler mittels Abgaben ausgepresst. In manchen Orten gab es aber keine Lehnsherren und keine Feudalherrschaft. Die ansässigen Bauernfamilien lebten aufrecht von dem, was sie der Erde ohne Schatten abrangen. Alter do Chão war ein solcher mit königlichem Dekret belegter freier Ort, wo die Bauern ihre Probleme eigenständig lösten. Ohne Graf. Und ohne Abt. Demokratisch wurde von der Dorfgemeinschaft ein Rat der sogenannten zwölf Besten gewählt. Nach über zweihundert Jahren Eroberungskämpfen gegen die muslimischen Herrscher brachte Bauernkönig Dom Dinis den Alentejo zum Neuerblühen. Er unterstützte Landwirtschaft und Weinanbau, übertrug Liegenschaften und erneuerte das Bauernrecht. Die Gemeinde wuchs zu einem florierenden Marktplatz.

Ein Freiherr aus der königlichen Tafelrunde war darüber höchst empört, denn er hatte auf die prosperierende Liegenschaft spekuliert. Deswegen machte er von seinem Beherbergungsrecht in Alter do Chão Gebrauch. Der Baron und seine Mannen provozierten absichtlich Ungemach. Sie plünderten Weinkeller, stopften sich voll mit Speck und Schinken und vergriffen sich an Frauen. Die Bauern begehrten auf und griffen zu den Waffen. Auf diesen Moment hatte der Baron gewartet und ließ die zwölf Besten des Dorfes öffentlich hinrichten. Zur Strafe für seinen Verstoß sprach ihm der König Titel und Ritterehre ab. Der nächste König ließ das Bauernrecht wiederum erneuern und auf den Platz in Gedenken an die Hingerichteten zwölf Olivenbäume pflanzen. Kurioserweise übertrug er aber dann dem Kriegshelden Pereira das Feudalrecht für Alter do Chão.

Etwas Besonderes ist der kunstvoll verlegte Kopfstein auf dem Platz aus gebrochenem Granit und Marmor.

Adresse Jardim do Álamo, Largo Barreto Caldeira, 7440-049 Alter do Chão | Anfahrt A6 Estremoz, N245 über Sousel und Fronteira nach Alter do Chão, die Hauptstraße führt direkt zur Burg mit Park und Dorfplatz | Tipp Im Garten des Museumshauses »Casa do Alámo« wächst Bastard-Safran aus Goa. Lokale Spezialitäten mit Safran speist man lecker zubereitet im Gasthaus »Patéo Real«. Die Besichtigung der Burg und des Renaissance-Dorfbrunnens neben der Burg mit königlichen Insignien sowie die römischen Mosaike hinter der Burg mit Bild der Medusa runden den Erkundungsgang durch den Ort ab.

12 Das königliche Gestüt

Lusitaniens Traumpferde

Es gibt schöne Pferde – und es gibt traumhaft schöne Pferde. So wie der Lusitano. Kastanienrot samten weich ist sein Fell, ebenholzschwarz sein Schweif, seine Mähne mit üppigen Barockwellen durchwebt. Das mittelgroße Prachtross mit kleinem Kopf steht wohlproportioniert da, mit perfekt geschwungenem Hals und Kuppe. Vom Charakter her warmblütig gemächlich, dennoch mit Temperament gewürzt, tänzelt es mit elegantem Tritt auch bei den Olympischen Spielen mit. Das Pferd, das einst königliche Kutschen zog, kapriziöse Kapriolen an der Hand springt und spielerisch Piaffen und Passage tanzt, hat Kriegsherren wie den Porto-Eroberer Vímara Peres oder die exzentrische Königin Catarina de Bragança und andere illustre Portugiesinnen im bequem breiten portugiesischen Sattel sitzend wie in einer Sänfte durch die Lande und auf die Jagd geschaukelt.

Der berühmteste Lusitano-Hengst steht auf dem größten städtischen, zum Meer hin geöffneten und von perfekten Kolonnaden bekränzten Paradeplatz der Welt, auf dem Terreiro do Paço zu Lissabon, das Reiterstandbild trägt Portugals Aufklärer König Dom José I. Das noble Ross stand seinem Skulpteur Joaquim Machado de Castro brav Modell.

Der Lusitano wird kontrolliert reinrassig im Gestüt »Coudelaria de Alter« auf dem herzoglichen Landgut Tapada do Arneiro gezüchtet und jedes Fohlen seit 1748 mit dem königlichen Zuchtwappen AR gebrandmarkt. Früher trugen Lusitanos ausschließlich Aristokraten, heute die Palastwachen in Jordanien, in Omar, in Marokko. Das Gestüt steht Besuchern nach Anmeldung offen. Auf einem geführten Rundgang lernt man Zuchthengste, ihre Namen mit Vorfahren und weitere autochthone Pferderassen kennen.

Der Höhepunkt des Tages ist um Punkt 15 Uhr, wenn die Mutterstutenherde auf die Nachtweide trabt. Über 300 Mal tierisch-königliches Kulturerbe mit Traumpferdefohlen bei Fuß.

Adresse Coudelaria de Alter Real, Tapada do Arneiro, 7440-152 Alter do Chão, Tel. +351/245 610 060, www.alterreal.pt | Anfahrt A6 Estremoz, N245 über Sousel und Fronteira nach Alter do Chão, der Beschilderung »Coudelaria de Alter« ab der Burgfeste in Alter do Chão etwa 3 Kilometer aus dem Ort bis zum Haupttor folgen | Öffnungszeiten Mo–Fr vormittags und nachmittags, aber ausschließlich mit vorheriger schriftlicher Anmeldung auf Englisch an: geral@alterreal.pt | Tipp Der Hof hat ein eigenes Kutschenmuseum. In dem Landhotel auf dem Gut kann man Ausritte und Kutschfahrten buchen, im Shop »Alter Real« Virgem-Extra-Olivenöl kaufen.

13 Das Kastell von Alvito

In jedem Stockwerk andere Fenster

Im ersten Baronat Portugals, Vila Nova de Baronia, liegen Dörfer, in denen Gott vergessen hat, die Zeit weiterzudrehen. Alvito ist eines davon. Ebenerdig in Reih und Glied gebaute Häuschen mit kalkgetränkten Fassaden spalieren die Hauptstraße bis zum Platz vor der Burg mit Feudalsäule, wo Senioren im Schatten tausendjähriger Ölbäume auf einer Bank sitzend abwarten, ob eine Abwechslung die Eintönigkeit ihres Alltages unterbricht.

Das Kastell mit üppigem Park hat in jedem Stockwerk unterschiedliche Fenster und wird von einem hohen Turm überragt. Im Erdgeschoss kümmerte sich hinter rechteckigen Fenstern einst die Dienerschaft um das Wohl der Hausherren. Im ersten Stock waren hinter Bogenfenstern Salon und Gastgemächer untergebracht. Im Turmzimmer mit neo-maurischem Maßwerk am Fenster lag das herrschaftliche Schlafgemach. Dicke Schiffstaue und Schifferknoten, in Kalkstein graviert, rahmen die zweiflügligen Fenster, Familienwappen und königliche Insignien bezeugen die Beziehung des Barons zur königlichen Tafelrunde.

Die fruchtbaren, ertragreichen Ländereien dehnten sich einst aus bis Évora. Bei Alvito kreuzt sich die N2, längste Nationalroute Europas, zwischen Faro und Chaves mit der zwischen Lissabon und Sevilla. Von hier gelangten Handelswaren wie Olivenöl, Kork und Wein rasch an alle Enden des Landes. Ein lukrativer, friedvoller Standort. Deswegen avancierte Alvito zum Landsitz für Geldadel und Kaufleute. Ihr Wohlstand lebt an den Bürgerhäusern, gezählte 222 Mal in Sandstein gemeißelt sichtbar fort. Unsichtbar hingegen verbergen sich in den Kapellen und Kirchen eine Vielzahl Fresken, die man auf einem geführten Rundgang erleben kann, denn die Kirchen sind bloß unregelmäßig geöffnet. Auf der Route folgt man den Zeichen des Geldadels, bis man wieder auf Bauernhauskultur stößt. Eine ästhetisch reizvolle Begegnung mit der Lokalidentität.

Adresse Castelo de Alvito, Praça da República 14, 7920-048 Alvito | **Anfahrt** A6 Montemor-o-Novo, N2 nach Alcáçovas, N257 nach Viana do Alentejo, N258 in Alvito, führt direkt zur Burg und zum Platz davor | **Öffnungszeiten** Hotelrezeption rund um die Uhr besetzt | **Tipp** Eine Mitarbeiterin aus dem örtlichen Tourismusbüro führt nach Vereinbarung auf die Fährte der 222 manuelinischen Spuren durch Alvito, öffnet Türen zu Kirchen mit Freskenschatz, erzählt Geschichten, die in keinem Reiseführer zu lesen sind. Tourismusbüro Alvito: Tel. 00351/284480808.

14 Das Tunnellabyrinth

Die Unterwelt unter der São-Sebastião-Einsiedelei

Im Höhlenlabyrinth unter der Pestkirche des heiligen Sebastião wachsen Mühlsteine, flüstert der Volksmund. Das quadratische Kirchlein ist bald ein halbes Jahrtausend alt und wurde dem Pestheiligen Sebastian geweiht. Die Gruft unter der Kirche, die sich dahinter zu einem unterirdischen Labyrinth ausweitet, stammt hingegen aus der Zeit der maurischen Besatzer.

Aus dem weichen Gestein wurden Quader für den Hausbau, Zylinder für Säulen und Stürze für den Burgpalast des muslimischen Herrn Alvitos herausgeschält – und Mühlsteine. Die Mahlgiganten kamen in Wassermühlen, aber noch häufiger in den Windmühlen in der Umgebung zum Einsatz. Deren Mühlenstümpfen begegnet man noch heute auf dem PR-2-Rundwanderweg. Während der christlichen Rückeroberung haben muslimische Herrscher gefangene Christen als Arbeitssklaven missbraucht – über Tage auf den Feldern und unter Tage, um die Höhlentunnel unter Alvito zu graben, sodass zu den wichtigsten Gebäuden geheime Gänge führten. Bei einem Angriff seitens der Kreuzritter versteckten sich die maurischen Soldaten unter der Erde, warteten auf einen günstigen Moment, tauchten aus einem Geheimgang hinter der Belagerungslinie auf und fielen den Kreuzrittern in den Rücken. Somit konnten die Sarazenen Alvito lange Zeit noch während der Reconquista besetzt halten, obwohl die Burg eher eine Residenz als eine Festung gewesen ist. Das ging aber bloß so lange gut, bis der Großmeister des Templerordens in Portugal, Dom Pedro Álvares, von dem unterirdischen Labyrinth erfuhr, den maurischen Burgherr besiegte, sämtliche christlichen Sklaven befreien ließ und mit dem Ehrentitel »Held von Alvito« geadelt wurde. Unrecht hatten also die Leute nicht, wenn sie sagten, unter ihrem Dorf wüchsen Mühlsteine, schließlich kamen die Steine fix und fertig aus der Höhle gerollt. Vor der Kirche erinnert eine Olivenmühle mit Mühlsteinen an die Steinklopfer der Unterwelt.

Adresse Igreja de São Sebastião, Rua dos Aviadores 1, 7920-052 Alvito | Anfahrt A6 Montemor-o-Novo, N2 Richtung Alcáçovas, N257 nach Viana do Alentejo, N258 in Alvito, führt direkt zur Burg und zum Platz davor, weiter Rua das Fábricas, rechts Rua dos Aviadores bis zum Ende | Öffnungszeiten Tunnel sind ausschließlich in Begleitung eines Mitarbeiters aus dem Tourismusbüro Alvito zu besichtigen, Tel. 00351/284480808; das Metalltor hinter der Kapelle am Fuße der Platanen, die Treppe hinab rechts verrät den früheren Haupteingang | Tipp An der Kapelle steht ein Industriedenkmal mit Mühlsteinpresse für Olivenölmaische als Symbol für den lokalen Hauptwirtschaftszweig Olivenöl. Kunst und Fotos kann man in der Galerie »Espaço Adães Bermudes« entdecken.

15_Das Lóios-Kloster

Eine spätmittelalterliche New-Age-Ära

Fest dazu entschlossen, das im Aberglauben ertrinkende portugiesische Volk zu erhellen, versammelte ein Rektor der Universität zu Coimbra 70 Jahre vor der Reformation durch Martin Luther Gelehrte um sich, die seine Vision einer aufgeklärten Gesellschaft mit ihm teilten. Europa war Mitte des 15. Jahrhunderts religiös grundlegend verunsichert. Vom Fall Jerusalems immer noch nicht erholt, von der andauernden Conquista in Andalusien aufgeschreckt, vom Schatten der Inquisition eingeholt, blickte die katholische Völkergemeinschaft mit anderen Augen auf den Klerus als noch hundert Jahre zuvor. Zweifel nährten die Herzen der Gläubigen. Der Heilige Stuhl kippelte. Das Konzil versuchte mit aller Gewalt, die Oberhand zu behalten. Was gründlich misslang. Anstatt nämlich als Vorbild den christlichen Tugenden in Anlehnung an die Heilige Schrift zu folgen, geriet die Führungsriege Roms in den Ruf, sich an den Entdeckerexpeditionen zu bereichern und Völlerei zu frönen, anstatt bescheiden und fromm zu leben. Das Misstrauen der Menschen wuchs gleichermaßen mit der Furcht vor dem Purgatorium. Eine geistige Neuorientierung stieß also auf viele offene Ohren.

Besagter Rektor gründete den Lóios-Orden und läutete eine spätmittelalterliche New-Age-Ära ein. Er und seine Ordensbrüder wollten das Bewusstsein für Individualität fördern und dem Volk Bildung gewähren. Ein heikles Unterfangen und ein Affront gegen den Klerus. Doch die Mönche in blauen Kutten wussten sich juristisch elegant abzusichern. Ihr Orden hatte einen mächtigen Protektor: Prinz Heinrich der Seefahrer, weltlicher Großmeister des portugiesischen Christusritterordens. Mit ihm als Galionsfigur gewannen die Lóios diplomatische Immunität.

Ihr Wirken im Sinne des Apostels Johannes verewigte Gabriel del Barco im Klostergemäuer und im gesamten Kirchenschiff der »Heiligen Maria de Assunção« meisterhaft als Azulejo (Fliesenbild).

Adresse Hotel Pousada de Arraiolos, Nossa Sra. da Assunção, 7044-909 Arraiolos | **Anfahrt** A6 Abfahrt 4 Montemor-o-Novo, N4 nach Arraiolos, Ausfahrt Süd, N251 Richtung Pavia, am letzten Kreisverkehr 3. Ausfahrt zur »Pousada de Arraiolos« nehmen, der Weg endet vor der Kirche am Kloster | **Öffnungszeiten** Eintritt mit Anmeldung an der Rezeption im Hotel, die Kirche ist tagsüber generell offen | **Tipp** In der historischen Herberge die Teestunde im Kreuzgang genießen. Frisch gestärkt kann man anschließend zur ovalen Burgruine hinauffahren und bei einem Spaziergang über die Zinnen die Ruhe und die Aussicht bis nach Évora genießen.

16 Die Teppichstickindustrie

Eine Teppichstickerin muss zählen können

Die Mauren brachten Farbe in den Süden Portugals, wussten sie doch, Safrangelb, Indigoblau und Türkis aus Blüten, Wurzeln und Rinden zu extrahieren und wie man Wolle färbt. Bis dato trug man im Alentejo bloß Kleidung aus naturbelassener Schurwolle. Mit den Webern aus Nordafrika änderte sich das. Vom Gerberviertel in Fès in Marokko inspiriert, entstanden in Arraiolos im 11. Jahrhundert identische Färbebecken, in die Erde eingelassen, für jede Farbe ein eigenes. Hier wurde Wolle gefärbt, gewebt und verkauft. Einige Färbebecken liegen heute unter dem Kopfsteinpflaster auf dem Rathausplatz verschüttet, man kann man sie unter Glas in der Kapelle im Museum für Teppichkunst bewundern. Außer Wolle zu Kleidung wurde in Arraiolos aber auch Leinenflachs zu Matten und Sackmaterial verarbeitet.

Eines Tages hatte eine Weberin die Idee, das Leinen mit Doppelkreuzstich zu bearbeiten und so die Maschen mit Wolle zu füllen. Zu Dekorationszwecken sollte die beidseitig wollene Matte allerdings nicht dienen, sondern als wärmender Bodenbelag in den ungeheizten Häusern – als Teppich oder Läufer. Praktisch und hübsch waren die bunten Matten außerdem, und damit wurde die Teppichkunst von Arraiolos geboren. Immer mehr fleißige Frauenhände stickten Leinenmatten zu Teppichen, benutzten verschiedenfarbige Wollfäden für ihre Muster und entwarfen auf diese Weise ein Unikat nach dem anderen – der Startschuss für eine in Portugal einzigartige, von Frauen dominierte Industrie.

Bald bedeckten die kostbaren Handarbeiten Marmorböden in königlichen Palästen, Ratssälen und Chalets, und die Frauen verdienten wesentlich besser als bei der Feldarbeit. Den Kreuzstich kann jedes Mädchen, aber zählen ist noch wichtiger, wurde das Muster doch einst Stich für Stich ausgezählt. Im Museum zeigt eine Mitarbeiterin, wie Muster mit Farbauswahl entstehen und wie der Arraiolos-Kreuzstich funktioniert.

Adresse Centro Interpretativo do Tapete de Arraiolos, Praça do Município 19, 7040-074 Arraiolos | **Anfahrt** A6 Abfahrt 4 Montemor-o-Novo, N4 nach Arraiolos, Ausfahrt Nord, N370 Arraiolos Centro, Richtung Estação Rodoviário Busbahnhof halten, am Teppichmonument parken, geradeaus hochlaufen, am Ende rechts, an der Kirche links bis zum Platz, das Museum liegt links am Ende | **Öffnungszeiten** Di–So 10–13 und 14–18 Uhr | **Tipp** Im Teppichzentrum kann man ein Kit zum Nachsticken kaufen und mit einem Mitarbeiter die verschlossene Misericórdia-Kirche und ihren Fliesenschatz besichtigen. Während eines Bummels durch die Teppich-Boutiquen im Ort sollte man unbedingt »Empanada de Arraiolos«, Teigtäschchen, im Café »Gingão« am Platz probieren.

17 A Ponte do Crato

Eine literarische Halbvoltenbrücke

Ein zynischer Fingerzeig auf die Dekadenz Portugals, als der Überfluss die Aristokratie fettgefüttert hat, gelang dem bekannten portugiesischen Romancier Eça de Queiroz 1860: Er ließ in einem Roman in dem Grenzörtchen Arronches eine Schlacht zwischen Spanien und Portugal stattfinden, die – das war der literarische Clou – allerdings gar niemals stattgefunden hat.

Das Buch war damals gleichzeitig ein Skandal und ein Verkaufsschlager. Kürzlich ist die Idee neu auferstanden. Der längst verstorbene Literat selbst wurde als Figur in eine Geschichte aus der Feder eines Autors der Neuzeit namens Mário Cláudio eingebettet. Mit der Wiederauferstehung der alten Geschichten von Grenzkämpfen, kriegsschlichtenden Hochzeiten und Hofklatsch landete der Autor einen Hit und sorgte, Erbe verpflichtet, für reichlich kontroversen Zündstoff.

Noch früher spielte die Brücke Ponte de Crato mit ihren sechs perfekt geschwungenen Halbvolten über den Rio Caia in Luis de Camões Nationalepos »Die Lusíaden« eine Rolle, in dem portugiesische Grenzsoldaten heldenmutig kastilischen Truppen entgegenmarschierten. Auch in »Die portugiesische Reise« von Literaturnobelpreisträger José Saramago liest man über das Dorf mit fünf Brücken, vom Cherub mit Krieger im Hochrelief in der heutigen Pfarrkirche und vom Rio Caia.

Das Burgdorf an der spanisch-portugiesischen Grenze, von drei Seiten von Wasser umgeben, war wegen seiner geografisch exponierten Lage tatsächlich oftmals ein Spielball der Mächte. Unter Gaius Caligula war hier zwischen Lusitanien und Hispanien ein erster römischer Grenzposten entstanden. Während der maurischen Herrschaft gehörte Arronches in das Kalifat von Cordoba in Andalusien. Der erste König Portugals eroberte das Dorf in der Schlacht von São Mamede zurück. Zweimal wechselte der Burgherr noch, bis Arronches schließlich portugiesisches Hoheitsgebiet blieb.

Adresse Ponte do Crato, Rua Prof. Dr. Egas Moniz, Bairro do Telheiro 32, 7340-030 Arronches | Anfahrt A6 Ausfahrt Estremoz, N372 über Vila Fernando, N243-1 nach Santa Eulália, N246 nach Arronches, 3. Abfahrt, Rua Prof. Dr. Egas Moniz führt direkt zur Brücke über den Rio Caia | Tipp Unternehmen Sie einen Spaziergang von der Ponte-do-Crato- Brücke nach Süden auf dem Feldweg am Flussufer entlang zur Santa-Maria-Brücke und zum Rokoko-Brunnen »Fonte de Vassalo«, bekränzt von gemauerten Bänken mit prächtigen Fliesenbildern aus dem 18. Jahrhundert.

18 Das Spielmuseum

Wo unerfüllte Kinderträume wahr werden

Erst nach der Nelkenrevolution 1974 bekamen Spielen und Spielzeug für Portugals Kinder und somit das Recht auf Spaß endlich einen eigenen Platz im Grundgesetz. Das Spielmuseum in Arronches widmet sich deswegen der Erinnerung an die Zeit davor und damit den Dingen, mit denen Großeltern und Urgroßeltern in Portugal gespielt haben, als sie Kinder gewesen sind. Dinge, mit denen sie spielen durften, die ihre Eltern sich leisten konnten. Anstatt in die Schule zu gehen – oder zum Spielen –, mussten damals die Kinder ihren Eltern in der Landwirtschaft helfen oder beim Fischfang. Geld, um Spielzeug zu kaufen, war nie übrig, reichte es doch oft nicht einmal, um satt zu werden.

Puppen wurden deswegen aus Flicken genäht und mit getrockneten Maisblättern gefüllt. Stofffetzen zu Fußbällen zum Kicken auf dem Dorfplatz zusammengeklebt. Fast jedes Kind besaß einen Kreisel aus Holz, vom Vater geschnitzt. Ein richtiges Puppenhaus mit Mobiliar, ein Tretroller, eine echte Puppe mit beweglichen Gliedern, ein Modellauto, Figuren zum Spielen blieben für die meisten Kinder damals unerfüllbare Träume. Die Gemeinde Arronches wollte deswegen 1995 zum Internationalen Tag des Kindes den Stellenwert des Spielens vor und nach 1974 gegenüberstellen und bat die Bevölkerung um Spielzeugspenden aus der Vergangenheit.

Die Spielwaren blieben der Gemeinde auch nach der Ausstellung erhalten und haben die Gemeindeväter dazu inspiriert, das Spielmuseum einzurichten. So fanden all die bunten Dinge, die Kinderaugen zum Strahlen bringen, 2002 eine neue Heimat in früheren Räumen der Burg.

Sechs Bereiche zeigen Spielzeug diverser Dekaden im Querschnitt aus einhundert Jahren portugiesischer Spielkultur. Das Museum bietet auch betreutes Spielen im pädagogischen Kindergarten nebenan an. Das einzige Spielmuseum Portugals wurde 2003 Sieger für regionale Kulturwahrung.

Adresse Museu de (A) Brincar de Arronches, Largo Serpa Pinto, 7340-009 Arronches | **Anfahrt** A6, Ausfahrt Elvas, N246 nach Arronches,1. Abfahrt Rua Dr. Edmundo Curvelo, Centro und Wegweiser Richtung Castelo und Museu (A) Brincar folgen | **Öffnungszeiten** Di–So 10–13 und 14–18 Uhr | **Tipp** Besichtigen Sie die Burg mit Turmkerker und Burgdorf, das zum nationalen Kulturerbe erhoben unter Denkmalschutz steht, auf etwa 850 Jahre Lokalgeschichte zurückblickt und abwechselnd portugiesische, kastilische und habsburgische Hoheit erlebt hat. Danach lohnt ein Spaziergang zum Kloster »Nossa Senhora da Luz« und durch die pittoresken Gassen zur Pfarrkirche.

19__Die Puente de El Marco

Die kleinste Grenzbrücke der Welt

Offiziell gilt die Brücke am Sankt-Lorenz-Strom zwischen dem US-Bundesstaat New York und Ontario in Kanada als die kleinste internationale Brücke der Welt. Aber das stimmt nicht. Mitten durch die Dorfflecken Marco in der Gemeinde Esperança auf portugiesischer und El Marco auf spanischer Seite fließt das Flüsschen Abrilongo. Die Brücke heißt A Ponte de Marco beziehungsweise El Puente de El Marco, sie ist aus Holz und für Fußgänger und motorisierte Zweiräder konzipiert. Sie verbindet geografisch die zwei iberischen Länder, die jahrhundertelang verfeindet waren. In Marco/El Marco relativiert sich allerdings die Historie. Der Dorfflecken mag sich zwar an beiden Ufern und somit in verschiedene Länder ausdehnen, aber die Dorfbewohner betrachten sich dennoch länderübergreifend als Gemeinschaft.

Liegt zum Beispiel die Schmiede in Portugal, bringt der Spanier sein Pferd zum Beschlagen »rüber«, betreibt ein Tischler seine Werkstatt am spanischen Ufer, bestellen Portugiesen ihren Tisch trotzdem dort. Kinder von beiden Ufern spielen miteinander und rennen kreuz und quer durch alle Gassen beider Länder.

Der Fluss – Ribeira Abrilongo auf Portugiesisch und Arroyo Abrilongo auf Spanisch – trennt den Weiler bloß auf dem Papier. Umso schlimmer erlebte die Gemeinde die Schließung der Grenze während der Militärdiktatur unter Franco in Spanien und der faschistischen Diktatur Salazars in Portugal. Über vier Jahrzehnte lang patrouillierten Grenzpolizisten durch Marco, geladene Gewehre geschultert, und bewachten die Brücke. Nach dem Sturz beider Diktatoren wurde der verwitterte Holzsteg endlich freigegeben. Jeder Schritt hinüber war einer in die neue Freiheit. Als das Brückchen den Kampf gegen das Wetter verlor, packten spanische und portugiesische Männerhände an und bauten gemeinschaftlich die jetzige moderne Holzbrücke, welche die Ufer, Länder und Menschen verbindet.

Adresse Ponte de Marco, Marco, 7340-122 Esperança | Anfahrt A6, Ausfahrt Elvas, N246 nach Arronches, 5. Ausfahrt, N371, nach der Ponte de Santa Maria links Rua de Arronches, bis Esperança, weiter geradeaus bis Marco, die Straße endet an der Grenze und Brücke vor einem Wir-haben-alles-Geschäft mit Holzofenbackstube | Tipp Der Weiler Esperança lädt ein zu einem Fotospaziergang zu den winzigen Bauernhäusern mit mächtigen Kaminschloten.

20 Das Mahnmal

Wo Catarina Eufémia ihr Leben ließ

Alle Leute aus Baleizão scheuen das Mahnmal und verirren sich bloß selten dorthin. Zu schmerzlich ist die Erinnerung an Catarina Eufémia und an das, was dort passiert ist. Traurig genug ist, dass man ein Foto von ihr als hübsches Mädchen in dem Herz aus Stein an ihrem Grab sieht. Catarina und ihre Familie lebten in Baleizão, das sich mit seinen kleinen Häusern unter die sengende Sonne des Alentejo duckt. Das Mahnmal am Dorfrand spiegelt einen grausamblutigen Moment Zeitgeschichte in Baleizão während des faschistischen Regimes Portugals wider.

Die »Patrão« (Gutsherren) vertraten damals das Gesetz, jeder ein Autokrat auf seinem Latifundium. Deren Vorarbeiter behandelten Landarbeiter wie Leibeigene. Und Catarina war eine davon. Sie schuftete auf den Feldern des »Patrão«, so wie ihre Eltern, die Nachbarn, alle im Dorf. Alle ächzten sie unter dem gleichen Joch, nie reichten die kläglichen Brosamen ihrer Plackerei, um genügend Brot zum Sattwerden zu backen. »Aufgeweckt war Catarina«, sagte ihre Mutter. Aber seit dem 19. Mai 1954 fragte sie sich zeitlebens immer wieder: »Warum warst du nicht still, Kind?«

An jenem Tag verlangte Catarina ein paar Centavos mehr Lohn, damit Mütter Milch für ihre Kinder kaufen konnten. Doch der Vorabeiter wiegelte ab und rief nicht den »Patrão«, sondern die Polizei. Die meuternden Frauen hatten die Polizisten rasch im Griff, nur ihre Wortführerin nicht, die trotz Prügelstrafe weiter lauthals nach Milch schrie – bis ein Schuss fiel. Catarinas Schrei verstummte. Für immer.

Der Mord an ihr entfachte einen Flächenbrand des Zornes in der Bauernschaft im Alentejo. Viele gingen danach in den Untergrund. Die Flammen der Wut erloschen erst 20 Jahre später, als die Diktatur am 25. April 1974 gestürzt wurde. Das kommunistische Mahnmal mit Hammer und Sichel und Catarinas Namen eingraviert markiert den Ort ihrer Hinrichtung.

Adresse Monumento á Catarina Eufémia, Abzweig von der Rua Francisco Miguel Duarte am westlichen Dorfrand, 7800-611 Baleizão | Anfahrt A2 Ausfahrt Castro Verde, IP2 nach Beja, N260 Richtung Serpa, 1. Abfahrt Baleizão auf Rua Francisco Miguel Duarte, 2. Abzweig nach links, liegt links das Mahnmal | Tipp Machen Sie einen Rundgang zum Dorfplatz Catarina Eufémia mit Denkmal, zum nördlichen Dorfrand am Spielplatz zur Poesie-Säule, zum Buch-Mahnmal daneben oder auf den Friedhof neben der Kirche zu Catarinas Grab. Es ist das erste rechts am Eingang. Schatten findet man im »Parque Central Álvaro Cunhal«, benannt nach dem damaligen Parteivorsitzenden der Kommunistischen Partei.

21 Die Burg Noudar

Im Gemüsegarten für mittelalterliche Schwerverbrecher

Zu der 700 Jahre alten Festung im Naturpark Noudar, an der spanischen Grenze ganz im Osten Portugals, gelangt man nur über diese eine enge Landstraße, die restlichen Kilometer über eine Schotterpiste. Auf dem Gabelberg am Fuß der Festung endet die Strecke. Von den Flüssen Rio Ardila und Murtega auf drei Seiten eingeschlossen, zeugt das mitten in die Walachei gesetzte, imposante Kastell mit seinen zwölf Wachtürmen und einer 18 Meter hohen Wehrmauer von einer gruseligen Geschichte. Die Festung »Castelo de Noudar« gehörte nämlich zu einer der zwei vogelfreien Zonen des einstigen Königreiches. Ein Ort für Gesetzlose.

Hier konnten vom Heiligen Gericht für schuldig Befundene ihrem Todesurteil entrinnen, sofern sie sich verpflichteten, lebenslang als Knechte auf der Burg, in den Wäldern und den Ländereien zu arbeiten, um diese entlegene Gegend landwirtschaftlich nutzbar zu machen.

Das Projekt hat Bauernkönig Dom Dinis begründet, weil er die grüne Grenze in diesem Teil des Landes unbedingt besiedeln und urbar machen wollte. Also schickte er die Schwerverbrecher des Mittelalters, natürlich militärisch gut bewacht, ins Gemüsebeet. Dank ihrer Anwesenheit gab es in dieser Region keine spanische Invasion. Die Idee des Königs trug Früchte. Die Landwirtschaft in der Region gedieh prächtig. Der Wald wuchs. Und die während der maurischen Besatzerzeit hier ausgewilderten und mit dem Wildschwein vermählten Hausschweine wurden alle eingefangen, seither artgerecht gehalten, gezüchtet und liefern als Iberisches Schwarzfußschwein »Porco Preto« allerbestes Fleisch und Schinken.

Das Open-Air-Gefängnis wurde irgendwann geschlossen. Dennoch zogen etliche Bauernfamilien aus Portugal und Spanien nach Barrancos, was zu einer Vermischung beider Sprachen und Bräuche geführt hat. Man spricht einen anerkannten Dialekt namens Barranquenhos, es gibt spanische Tapas und Stierkampf »espanhol«.

Adresse Castelo de Noudar, Parque de Natureza, 7230-046 Barrancos | Anfahrt IP8 Beja, über Serpa nach Charneca Aldeia do Pinto, dort auf N392, über Pias nach Moura, N258 über Safara nach Barrancos, Beschilderung »Castelo de Noudar« an jeder Gabelung und nach rechts über die Brücke Ponte da Ribeira da Murtega folgen | Öffnungszeiten Di–So 10–17 Uhr | Tipp In Barrancos unbedingt eine Pause einlegen und »Porco Preto«, Wurstspezialitäten mit Gütesiegel D.O.P., probieren. Zum Beispiel im Restaurant »Miradour« mit Ausblick. Oder nebenan in dem Mini-Supermarkt einkaufen.

22 Das Landgut

Ein Refugium für spanische Bürgerkriegsflüchtlinge

Zu behaupten, Portugiesen und Spanier wären Freunde, ist gelinde übertrieben, wenn auch heutzutage niemand mehr Krieg gegeneinander führt. Das iberische Dauerzerwürfnis begann 1143, als der erste portugiesische König Dom Afonso Henrique die Grafschaft Portucali mittels päpstlicher Kurie aus der Lehnsherrschaft seines Onkels Heinrich von Burgund befreite – um so ein eigenes Königreich zu gründen. Den seither schwelenden Zwist konnten keine Hochzeit und keine Schlacht schlichten. Auch beim Wettsegeln um die Welt war Portugal den Spaniern viele Dekaden lang eine Karavellenlänge weit voraus. In den Augen Portugals zählt Kolumbus' Amerika-Entdeckung für die spanische Krone nicht, denn der war ja, wenngleich nach wie vor umstritten, Portugiese!

Man möge sich also die Schmach nach der Niederlage in der Schlacht von »Al-Quibir« 1578 gegen die Ottomanen vorstellen, als Portugal seinen König, seine Armada, seine Truppen und zwei Jahre später auch noch seine Souveränität an den Erzfeind Spanien verlor. Das streute Salz in die stolze Seele der Portugiesen – bis heute.

Im Alentejo entlang der grünen Grenze arrangierte man sich lieber mit den Nachbarn und betrieb je nach politischer Wetterlage Handel oder Schmuggel. Während des Spanischen Bürgerkrieges solidarisierten sich portugiesische Bauern mit politisch verfolgten Republikanern, auf die Francos Truppen Menschenjagd machten. Deserteure versteckten sie in der Burg Noudar, Flüchtlinge auf dem weitläufigen Gelände des Landgutes Herdade Coitadinha in den ländlichen »Choças« und »Malhadas« – Unterstände, die sonst Hirten und ihren Tieren dienten. Sie alle standen unter dem Schutz der portugiesischen Grenzpolizei unter dem Oberkommando von Leutnant Augustus de Seixas. Seinen Truppen und der Nächstenliebe der Bauern verdanken Tausende spanische Familien ihr Leben. Heute zählt die Gegend zu den schönsten Wandergebieten Südportugals.

Adresse Herdade da Coitadinha, Estrada Municipal de Barrancos 1023, 7230-909 Barrancos | Anfahrt IP8 Beja, über Serpa nach Charneca Aldeia do Pinto, dort auf N392, über Pias nach Moura, N258 über Safara nach Barrancos, Beschilderung »Castelo de Noudar« an jeder Gabelung und nach rechts über die Brücke »Ponte da Ribeira da Murtega« folgen; die Herdade liegt links an der Strecke zur Burg und bietet Bistro-Service, Tourismusauskunft und charmante Übernachtungsmöglichkeiten | Tipp Für Wanderfreunde bietet der beschilderte Rundwanderweg ein einzigartiges Naturerlebnis entlang der Flüsse zum Kastell, ehemaligen Wassermühlen am Fluss sowie den rudimentären reetgedeckten »Choças«, Rundhütten, in denen Tausende Spanier der Verfolgung im Bürgerkrieg entkommen konnten.

23 Der Bergfried von Beja

Ein Turm für die Flitterwochen des Prinzen

Das Wahrzeichen Bejas ist der Bergfried. Über 700 Jahre alt und 40 Meter hoch, ist er der höchste Wachturm der Iberischen Halbinsel. Quadratisch im Grundriss, wurde er ganz und gar aus Marmorstein erbaut, der während der Jahrhunderte zu changierendem Grau verwittert ist und dem eigenwilligen Bauwerk sein charmantes Kleid anzieht. Die Quader, Brocken für Brocken aus den Marmorsteinbrüchen rund um Borba gebrochen, wurden jeder einzeln mit Ochsenkarren über hundert Kilometer weit bis an die Baustelle transportiert.

Zum gedrungenen Eingangsportal führt vom Exerzierhof eine in Stein geschlagene Stiege. Durch drei Stockwerke, vorbei an Audienzsaal, Schießscharten, am Aussichtsbalkon und dem maurischen Fenster gelangt man über 183 Stufen bis zur Dachterrasse. Die restliche Burg ist noch älter als der Bergfried und fünfeckig als Pentagon erbaut. Ein Zufall war das nicht, zählte doch das Pentagon einst zu den Schutzsymbolen der Kreuzritter. Die Königsburg mit Turm bildet das Herzstück der Befestigungswälle mit ehemals 40 Wachtürmen. Sieben Stadttore gewährten Einlass. Der Bergfried besticht durch unaufdringliche Eleganz, innen wie außen, in seiner Funktion als Bastion zur Verteidigung und als repräsentativer Herrschersitz. Ein wahres Paradebeispiel mittelalterlicher Militärarchitektur in Europa.

Im später errichteten Gouverneurspalast »Casa do Gouvernador« verbrachten der einzige legitime Sohn von König Dom João II., Infante Dom Afonso, und Prinzessin Isabel von Aragon ihre Flitterwochen. Leider ohne Nachwuchs. Nach einem mysteriösen tödlichen Sturz des Prinzen blieb sein Vater ohne Thronerbe, und nach dessen eigenem mysteriösen Tod übernahm Infante Dom Manuel I., Bruder von Dona Leonor von Portugal und Cousin von Maximilian dem Großen, die Zügel der Macht in Portugal. Der Aufstieg bis zur Zinnentererasse lohnt, von wo aus der Blick über die Kornkammer des Alentejo reicht.

Adresse Castelo de Beja, Jardim da Rua de Dom Dinis 3, 7800-266 Beja | **Anfahrt** A26 bis Ferreira do Alentejo, auf IP8 nach Beja, Kreisverkehr Richtung Süden N18, Abzweigung Castel/Centro Rua de Lisboa nehmen und der Beschilderung »Castelo« folgen, am Fuß des Turmes parken | **Öffnungszeiten** täglich 9.30–12.30 und 14–18 Uhr | **Tipp** Einen Besuch lohnen die Skulpturenausstellung im Gouverneurspalast in der Burg mit Exponaten des surrealen Skulpteurs Jorge Viera sowie der Platz Dom Dinis gegenüber mit Obstständen. Außerdem das Café »Dom Dinis« und seine Quarktörtchen, das archäologische Museum im Westgoten-Tempel und die Kathedrale von Beja an der Rückseite der Burg.

24 Das Klarissenkloster

Die verliebte Nonne und der Fremdenlegionär

Der Blick durch das Gitter am »Janela de Mértola« schweift über das Ährenmeer vor den Stadttoren der mittelalterlichen Garnisonsstadt Beja, bis sich Himmel und Erde am Horizont küssen. Traurig ist der Gedanke, jahrelang hinter diesem Fenster harrend Schwalben bei ihrem Flug nur zuzuschauen, wogende Ähren nur von Weitem zu betrachten. Umso mehr rührt das literarische Erbe einer Nonne namens Mariana Alcoforado, die in eben dieser Nonnenzelle saß und ihre Liebe zu dem französischen Marquis Noël Bouton de Chamilly dem Papier anvertraute. Der Marquis kämpfte seinerzeit als Fremdenlegionär an der Seite von König Dom João IV.

Vielleicht war er Mariana im Kreuzgang oder in der Klosterkirche beim Gebet begegnet? Genaues ist nicht bekannt. Entstanden durch diesen geheimnisvoll-schicksalhaften Moment sind die weltberühmten Liebesbriefe »As Cartas Portuguesas«, in denen Mariana Alcoforado mit schwindelerzeugender Intensität ihre bedingungslose Bereitschaft zur Selbstaufgabe gesteht und ihre peinvolle Sehnsucht nach männlicher Nähe entblößt. Mehrmals war sie versucht, sich der Klarissentracht zu entledigen, wollte sie doch nichts mehr als den heiligen Pakt der Vereinigung zwischen Liebenden vollziehen. »Mich habe ich verloren, weil ich dich geliebt habe«, reflektiert Mariana ihren Konflikt mit Gott und ihrem Gelübde, dennoch gänzlich ohne Vorwurf an den Marquis, der ihr nach seiner Rückkehr nach Frankreich nie wieder schrieb.

Rainer Maria Rilke sagte über Mariana, ihre lyrische Stimme gehöre zu den wertvollsten der Epoche. Als Ordensschwester lege sie poetisch Zeugnis ab von der vollkommenen Hingabe zur Liebe und blieb ihrem Glauben an Gott dennoch treu. Trotzdem erhitzt ihr Briefnachlass fromme Gemüter bis heute. In ihrem einstigen Zuhause, dem Konvent, dessen Wurzeln bis ins 15. Jahrhundert zurückreichen, kann man heute kunsthistorische Kostbarkeiten, Goldaltarkunst und den Kapitelsaal besichtigen.

Adresse Museu Regional »Convento Rainha Dona Leonor«, Largo da Conceição 5, 7800-131 Beja | Anfahrt A26 bis Ferreira do Alentejo, IP8 nach Beja, am Kreisverkehr »Continente«-Supermarkt 1. Ausfahrt, Rua de Dom Afonso III bis zum Stadtpark folgen, geradeaus Rua D. Nuno Álvares Pereira bis zur »Pousada de Beja«, dort parken und den Rest Richtung Kloster zu Fuß laufen; das Fenster liegt an der Nordseite | Öffnungszeiten Di–So 9.30–12.30 und 14–17.15 Uhr | Tipp Eine Statue von Königin Dona Leonor von Portugal, Cousine von Maximilian dem Großen, Empfängerin der Reliquie der heiligen Aukta aus dem Kölner Dom und Gründerin des Klarissenordens steht auf dem Platz davor. Durch die Gasse geradeaus erreicht man den lauschigen Rathausplatz mit Cafés und Restaurants.

25 Der Platz der Republik

Die Triumphbogen-Loggia

An der Schwelle zur Renaissance blühte der architektonische Symbolismus in Portugal erst richtig auf. Kaum ein Gebäude wurde errichtet, ein Park angelegt, ein Palast konzipiert, ohne szenisch wirkungsvolle Details. Ob Theatergarten oder Gotteshaus, alle Gebäude hatten schließlich Auftraggeber, und diese wollten sich selbst (fast immer) mit dem Bau ein Denkmal setzen.

Man erinnere sich bloß an die üppig bildhafte Manuelinik, benannt nach Portugals glücklichem König Dom Manuel I., der sich gleich einen ganzen Kunststil an seinen Namen geheftet hat, welcher bis heute weltweit einzigartig blieb. In Beja setzte er sich zwei kunsthistorische Denkmäler. So verdankt das Klarissenkloster dem König seine einzigartige Fassade, die durch die besondere Kunstfertigkeit des Ornamentierens seitens der Hof-Steinmetze an eine Klöppelborte erinnert.

Unnachahmlich blieb auch der römisch inspirierte Kolonnadenprunkbau mitten in der Stadt. Das klassizistische Hallenatrium sollte eine Markthalle mit innenliegenden Metzgereien werden. Dahinter sollte ein Schlachthof anschließen. Doch dazu kam es gar nicht mehr. Das monumentale Atrium ist bis heute das einzige seiner Art in Portugal und so gut gelungen, dass der Auftraggeber – entzückt von der architektonischen Spielart – kurzerhand umdisponierte und das Gebäude der Diözese stiftete.

Die Loggia sei viel zu schön, als dass dort totes Fleisch verkauft oder gar Tiere geschlachtet werden sollten, entschied der Duque von Beja und spätere König Dom Manuel I.

Auf dem Platz davor stößt man auf das Stadtwappen, in Kopfstein gelegt. Burg und Königswappen repräsentieren die Rückeroberung Bejas, der Stierkopf erinnert an die eigentliche Bestimmung der Kirche als Schlachthalle und die zwei Adler an die Stadtgründung Bejas als »Pax Julia« durch die Römer. Triumphal passend zur neorömischen Loggia.

Adresse Igreja de Misericórdia, Praça da República 41, 7800-396 Beja | **Anfahrt** A26 bis Ferreira do Alentejo, IP8 nach Beja, dort im Kreisverkehr Richtung Süden N18, Abzweigung Castelo/Centro in die Rua de Lisboa nehmen, Beschilderung Castelo folgen, parken; am Café »Cantinho de Castelo« der Gasse zum Seniorenheim folgen, dort links in die Gasse bis zum Platz abbiegen | **Tipp** Das Apothekenmuseum »Museu da Farmácia«, die Kapelle »Nossa Senhora da Piedade« und archäologische Teilstücke der Stadtmauer liegen auf dem Weg, alle in der Rua Dom Manuel I.

26 Das Quartier der Piloten

Autobomben gegen Kapitalisten

Sein Lächeln war hollywoodreif, sein Charisma einnehmend. Otelo de Carvalho, Kommandant der Militärpolizei-Spezialeinheit »Copcon«, hat im Führungsrat der Revolutionäre gesessen. Weitaus mehr als einhundert politische Häftlinge haben er und seine Interventionseinheit am 25. April 1974 befreit. Nach der Nelkenrevolution begab sich die »Copcon« auf die Suche nach untergetauchten PIDE-Agenten der faschistischen Polizei und konnte etliche finden und verhaften.

Doch dann wechselte Carvalho das politische Lager und träumte plötzlich davon, der Fidel Castro von Europa zu werden. Seine kommunistische Euphorie verpuffte aber gleich wieder bei den ersten freien Wahlen der dritten Republik, als die Sozialistische Partei gewann und weniger als ein Viertel der Wähler für Carvalhos Partei stimmten. Zutiefst enttäuscht tauchte der gefeierte Revolutionsführer ab in den Untergrund und gründete die militante Gruppe FP-25. Ihm folgten ehemals politisch Verfolgte des faschistischen Regimes sowie jede Menge Hobby-Anarchisten.

In den folgenden Jahren verübte die militante FP-25 mehrere politisch motivierte Morde, Attentate auf hochgestellte Persönlichkeiten sowie Banküberfälle. Die von Carvalho als Kampf gegen Korruption innerhalb der politischen Führungsriege betitelten Gewaltaktionen weiteten sich gegen NATO-Stützpunkte in Portugal aus. Am 31. Januar 1980 explodierten auf einem Schiff der NATO im Hafen von Lissabon drei Granaten. Am Tag darauf detonierten in der Siedlung für die damals auf der Air-Base 11 in Beja stationierten deutschen Kampfjet-Piloten aus Nato-Mitgliedstaaten im Morgengrauen 18 Autobomben gleichzeitig. Verletzt wurde glücklicherweise niemand. Im Juni des gleichen Jahres wurde Carvalho endlich gefasst und, Ironie des Schicksals, ausgerechnet in das Gefängnis eingesperrt, aus dem er sechs Jahre vorher Hunderte politische Häftlinge befreit hatte.

Adresse Bairro alemão im Bairro Residencial da Força Aérea, Rua de Angola/Abzweig Rua de Moçambique am Parque Ultramar und den angrenzenden Straßen, 7800-468 Beja | **Anfahrt** A26, bei Ferreira do Alentejo auf IP8 nach Beja, Kreisverkehr IP2 nach Süden, Kreisverkehr 3. Ausfahrt, rechts abbiegen Rua Zeca Afonso, links Rua de Angola bis zum Park »Jardim do Ultramar« folgen | **Tipp** Ein Memorial-Monument für den 1040 in Beja geborenen Omijaden-Fürsten und letzten Maurenherrscher der Algarve mit Sevilla »Al-Mutamid« steht im neun Hektar großen städtischen Forst mit Park, an der IP2 gelegen.

27 Der Sackbahnhof

Die Jorge-Calaço-Fliesengalerie

Von Lissabon nach Beja kann man seit 1840 mit dem Zug fahren, in Beja ist Endstation. Zur Weltausstellung 1929 sollte die Strecke eigentlich weiter bis nach Sevilla ausgebaut werden, was aber nie passiert ist.

Von Lissabon nach Beja überquerte man früher zunächst mit der Flussfähre den Tejo, stieg in Barreiros um in den Zug gen Süden nach Casa Branca, dort gen Osten bis Évora und danach wieder Richtung Süden nach Beja. Eine wahre Zickzacktour. Von und nach Beja fahren Güterzüge und Dieseltriebwagen. Früher noch weiter bis in abgelegene Ortschaften, aber das ist längst Geschichte. Seitdem Züge über die »Brücke des 25. April« fahren, fällt die Anfahrt mit dem Fährboot weg. Schneller voran kommt man dennoch nicht.

Die einzige Querverbindung zwischen der Südtrasse und der Alentejo-Bahnlinie an der Gabelung in Funcheira wurde 2015 stillgelegt. Damit kappte man den direkten Güterverkehr zwischen der Kornkammer Portugals und dem Containerhafen in Sines. Die drastisch reduzierte Anbindung nach Lissabon oder an die Algarve belastet den Tagesablauf der arbeitenden Bevölkerung immens, die nun entweder mit dem Überlandbus fährt oder Fahrgemeinschaften zur Arbeit bildet.

Derart vom Fernverkehr links liegen gelassen, geraten auch die Bahnhöfe des Alentejo ins öffentliche Abseits, so wie das Bahnhofsgebäude in Beja. Es stammt von dem modernistischen Stararchitekten Cottinelli Telmo, der auch der leitende Architekt der Lissabonner Weltausstellung 1940 war. Die Jorge-Calaço-Fliesengalerie an der Wand des Bahnhofsgebäudes zeigt Darstellungen, kunstvoll in bunt glasiert, von allen Monumenten Bejas und darüber hinaus Szenen aus dem Alltag der Bauern. Sie ist verwaist, ebenso die beiden antiken Uhren, die seit der Einweihung der Bahnstation vor 160 Jahren bis heute auf die Sekunde pünktlich laufen. Schade, denn gerade durch den Alentejo würde sich eine Bahnfahrt besonders lohnen.

Adresse Estação Ferroviária de Beja, Largo da Estação 8-16, 7800-316 Beja | Anfahrt A26 bis Ferreira do Alentejo, auf IP8 nach Beja, am Kreisverkehr am »Continente«-Supermarkt 1. Ausfahrt in die Rua de Dom Afonso III, nach dem Bahnübergang im Kreisverkehr 1. Ausfahrt, nächste Straße rechts abbiegen bis zum Bahnhof fahren | Tipp Die Kirche »Igreja de Nossa Senhora do Pé da Cruz« liegt fünf Gehminuten entfernt am Kreisverkehr.

28 Der Stadtpark

Der erste Kindergarten im Garten

In den Stadtpark »Gago Coutinho e Sacadura Cabral« gelangte man früher durch ein Stück nachgeahmte Stadtmauer mit Spitzbogenportal zwischen zwei Säulen mit aufgesetzten Spitzen, heute durch ein schmiedeeisernes Portal. Über dem einstigen Hauptportal am Südosteck des Parks prangt ein Fliesenpaneel mit dem Bild von der Eroberung Bejas im Jahre 1162, dekoriert mit königlichem Wappen, Stadtwappen und zwei Kreuzritter-Familienwappen. Mitten im Park, mit Kettenhemd stilisiert, einen Helm mit Nasenschutz aufgesetzt, steht Kriegsherr Afonso Henrique, Neffe von Heinrich von Burgund und erster König Portugals als steinerne Statuette. Sein Konterfei mit Helm und Schwert erinnert an vielen Orten Portugals an die Geburtsstunde des ältesten Nationalstaates in Europa.

Teiche und Brunnen, mit barocken Engelsfiguren, Tierfiguren und griechischen Göttinnen geschmückt, bescheren dem Park angenehm schattige Plätze zum Verweilen, unter Judasbäumen und Oleandersträuchern, Platanen und Pfefferbäumen. Im Pavillon spielte früher Musik zum Tanz, heutzutage finden hin und wieder Open-Air-Konzerte statt. Der »Jardim Público« mitten im Zentrum Bejas ist eine immergrüne Oase, vor allem während der heißen Sommermonate, wenn das Thermometer jeden Tag wieder auf über 40 Grad steigt.

Angelegt wurde der Park 1840, gleich hinter dem Franziskanerkloster, in dem heute ein Hotel untergebracht ist. 40 Jahre später wurde ein Kindergarten als ausgewiesene Spielstätte integriert, von da an hieß der Park »Jardim de Froebel«, benannt nach Friedrich Fröbel, dem Erfinder des pädagogischen Kindergartens.

Den Namen »Coutinho und Cabral« erhielt der Park erst 1922 im Andenken an die zwei Tausendsassa-Piloten, die anlässlich der Hundertjahrfeier zur Unabhängigkeit Brasiliens einzig mit Sextanten an Bord in einem Doppeldecker-Wasserflugzeug erstmalig über den Atlantik bis nach Rio de Janeiro geflogen sind.

Adresse Jardim Gago Coutinho e Sacadura Cabral, Rua Dom Afonso Henrique, 7800-054 Beja | **Anfahrt** A26 bis Ferreira do Alentejo, auf IP8 nach Beja, am Kreisverkehr am »Continente«-Supermarkt 1. Ausfahrt in die Rua de Dom Afonso III, dem Straßenverlauf bis zum Stadtpark folgen, dort parken; der Haupteingang liegt neben dem Supermarkt | **Tipp** Im Park lädt ein geologischer Naturlehrpfad ein, die Steinsorten des Alentejo bestimmen zu lernen. In dem Traditionshaus »Pastelaria Luiz Rocha« in der Fußgängerzone Rua de Mértola sollte man unbedingt Klosterpuddingpastetchen, »Pasteis de Belém«, probieren.

29 Die Sulfat-Thermalquellen

Das hydrogeologische Naturlabor der NASA

Viel los ist in dem winzigen Dorf nicht gerade. Den grandiosen Ausblick in 304 Meter Höhe neben der Burgruine nach Portalegre, Spanien und Estremoz genießt man zumeist allein, wären da nicht die sympathischen Dorfkatzen. In dem in der Nähe liegenden Kurort Termas da Sulfúrea geht es schon nicht mehr so beschaulich zu. Das hochbasische und schwefelhaltige Quellwasser wussten schon die Römer zu schätzen. Mit einem pH-Wert von 11,55 sprudelt es an die Oberfläche. Derart basisch und in ähnlich medizinisch effizienter Zusammensetzung kommt Wasser bloß noch ein weiteres Mal weltweit vor, in The Cedars in Kalifornien.

Für Trinkkuren ist es definitiv nicht geeignet, liegt der pH-Obergrenzwert für Trinkwasser doch bei allerhöchstens 9,5. Hier kuriert das Wunderwasser – im Dampfbad vaporisiert – Erkrankungen der Atemwege. Als Badekur verschrieben wirkt es wundheilend und lindert allergische Hautreizungen, Hauterkrankungen und Ekzeme. Ein Bad in den Thermen soll sogar schmerzende Begleiterscheinungen von Rheumatismus und Osteoporose reduzieren. Im Naturfreibad kann man nach Lust und Laune planschen oder auf der Liegewiese entspannen.

Aber die Quellen in Cabeço de Vide können noch mehr, haben Astrobiologen und Geophysiker der NASA festgestellt. Die geologische Gesteinszusammensetzung begünstigt nämlich einen wissenschaftlich brisant interessanten biochemischen Prozess: Durch die Durchlässigkeit sogenannter Serpentinmineralien entsteht Wasserstoff – die Grundlage allen Lebens. Und zwar an dieser Stelle der Erde, gänzlich ohne Sonnenenergie.

Der Stoff, aus dem alles Leben wächst, bildet sich zwischen den Gesteinsschichten im Dunkeln. Er könnte der Wissenschaft Antworten auf offene Fragen der Schöpfung liefern und darüber hinaus der NASA als hydrogeologisches Naturlabor dienen, um mögliche Thesen zu Leben auf dem Mars zu studieren, wo die gleichen geologischen Voraussetzungen herrschen.

Adresse Termas da Sulfúrea, Sítio das Termas, 7460-002 Cabeço de Vide | **Anfahrt** A6 bis Estremoz, auf N245 nach Fronteira, dort abbiegen nach Cabeço de Vide, rechts Richtung »Termas da Sulfúrea« abbiegen oder zu den Thermen im Hotel über die Brücke bis auf die gegenüberliegende Seite fahren und parken | **Öffnungszeiten** die Thermen gehören zum Hotelkomplex; Anwendungen müssen rechtzeitig reserviert und gebucht werden unter Tel. 00351/245634027 | **Tipp** Wer anstatt Badekur eher auf Badespaß steht, fährt zum wenige Kilometer entfernten künstlichen Sandstrand »Praia Fluvial de Fronteira« und plantscht im gestauten Flusswasser mit Blick auf die römische Brücke mit zehn Halbvolten.

30 Am Salgueiro-Maia-Memorial

Die Schlüsselfigur der Nelkenrevolution

Um Mitternacht des 25. April 1974 spielte der Radiosender »Renascença« das von der Zensurbehörde verbotene Lied der Widerstandsbewegung gegen das Salazar-Regime: »Grândola, Vila Morena«. Die Übertragung war das verabredete Zeichen für den Beginn der Nelkenrevolution und das Ende der Diktatur. »Capitão« Salgueiro Maia war einer der militärischen Revolutionsführer. Er rief seine Kavalleriesoldaten zum nächtlichen Appell und verkündete: »Heute Nacht kämpfen wir gegen diejenigen, die unseren Staat verkommen ließen. Wer mit mir kämpfen will, kommt mit, wer nicht, bleibt hier.« Alle traten vor.

Kapitän Maia, gebürtig aus Castelo de Vide, war in den Untergrund gegangen und stand den zivilen Revolutionsführern mit einem Flügel des bewaffneten Militärs zur Seite, um den Staatsstreich durchzuführen. Im Morgengrauen des 25. April fungierte er als militärische Schlüsselfigur in Lissabon und bezog zuerst Stellung an den Ministerialgebäuden. Anschließend ging es zum Largo do Carmo, wo Maia mit seiner Truppe vor der Kommandantur der Nationalgarde Position bezog, bereit zum Angriff mit Panzern, sollten die Gardisten die Barrikade nicht aufheben. Er ließ einen Warnschuss abfeuern – und der reichte. Staatschef Marcelo Caetano ergab sich.

Maia, vom Volk zur Leitfigur der Revolution erhoben, lehnte eine militärische Ehrenbezeigung der demokratischen Regierung ab: Es sei seine Pflicht und keine Heldentat gewesen, sein Land und das Volk von der Diktatur zu befreien. An seinem Grab gedenkt alljährlich eine Ehrenwache mit Nelkenkranz am 25. April seiner Rolle, eine Tafel an seinem Geburtshaus an seine Heldenreise und ein Memorial an der Burgmauer an seinen Kampfwillen für die Demokratie.

Zu seiner Beerdigung 1992 fanden sich die ersten vier Präsidenten der dritten Republik ein: Soares, Spínola, Ramalho, Gomes. Eine Büste und eine Gedenktafel erinnern an den April-Kapitän im Stadtpark.

Adresse Memorial Salgueiro Maia, Rua do Mercado 119, 7320-190 Castelo de Vide | Anfahrt A6 bis Estremoz, auf IP2 über Monforte und Portalegre, auf N246, am Ende wechseln auf N246-1 Castelo de Vide, 1. Kreisverkehr, 3. Ausfahrt, Rua de Olivença; an der Pfarrkirche parken, zu Fuß Aufstieg zur Burg durch die Rua do Mercado bis Hausnummer 119 | Tipp In der Wein- und Tapas-Bar »Pirolito« kann man leckere Kleinigkeiten und den einzigen in Portugal produzierten französischen Champagner »Le Crocq« goutieren. Machen Sie einen Spaziergang durch das pittoreske Burgviertel und die quirlige Innenstadt. Rund um die Kirche steht eine bemerkenswerte Figuren-Installationen.

31 Der Friedensstein

Ein jüdisches Dorf im katholischen Dorf

Für sephardische Juden begann 1494 eine gefährliche Zeit. Laut des just erlassenen Granada-Edikts mussten sie entweder zum Katholizismus konvertieren oder Spanien verlassen. Sie suchten deswegen Zuflucht in Portugal und etliche davon in Castelo de Vide. Der damalige Burgherr war selbst jüdischen Glaubens und ließ zum Schutz der jüdischen Gemeinschaft ein Dorf im Dorf errichten: die »Judiaria«. Der emblematische Brunnen »Fonte da Vila« versorgte das Viertel mit Trinkwasser. Die steil an den Hang gebauten Häuser mit Holztüren in Ogivalbögen aus Sandstein weisen den Weg durch die schattigen Gassen in das Innere des Viertels.

Die »Judiaria« dehnt sich aus bis zum Lehrhaus mit der Synagoge »Beit-Ha-midrasch-sefardin«. Tabernakel, heilige Schriften, heiliges Öl, Öllampen, Menora sowie in Sandstein gravierte Symbole, die dem Ewigen an diesem geweihten Ort huldigen, kann man besichtigen.

Die Flucht vor der Inquisition endete damals entweder mit dem Tod oder damit, den katholischen Glauben anzunehmen und führte selbst dann oft genug zu tragischen Biografien. Der konvertierte Neu-Christ Garcia da Orta aus Castelo de Vide studierte Medizin, heiratete eine Katholikin, widmete sich in Indien und in Goa der Pflanzenheilkunde und publizierte 1563 die erste Enzyklopädie über Indiens Heilpflanzenwelt. Beigesetzt wurde er nach seinem Ableben in Goa, bis ein Jahr später ein Inquisitionskommando aus Portugal sein Grab schändete und seine sterblichen Reste verbrannte. Das Andenken an Orta und andere Opfer der Inquisition hält Castelo de Vide mittels Gedenktafeln und Symbolen in der Synagoge, in den ehemaligen Thermen und im nach da Orta benannten Garten aufrecht. Auf dem weißen Davidstern-Stein des Friedens an der »Fonte da Vila« bittet der einstige Präsident Mário Soares im Namen Portugals die jüdischen Opfer des portugiesischen Heiligen Offiziums, der Inquisiton, um Vergebung.

Adresse Fonte da Vila, Largo do Dr. José Frederico Laranjo, 7320-110 Castelo de Vide | Anfahrt A6 bis Estremoz, auf IP2 über Monforte und Portalegre, auf N246 – am Ende wechseln auf N246-1 Castelo de Vide, im 2. Kreisverkehr 3. Ausfahrt, Estrada da Circunvalação/Umgehung um Castelo de Vide herum, in die Rua da Porta Nova rechts abbiegen bis zum Brunnenplatz | Tipp Die lokalen Handarbeiten, Klöppel-, Schmuckschmiede- und Stickkunst sind bekannt. In der Therme steht eine Büste im Andenken an den jüdischen Botaniker da Orta aus Castelo de Vide vom berühmten portugiesischen Skulpteur João Cutileiro.

32 Die Basílica Real

Die himmlische Botschaft des Erzengels Michael

Getreidefelder, Weinberge, Olivenhaine schwimmen in grünen und gelben Wellen dem Horizont entgegen. Milane ziehen ihre Kreise, Schafe drängen sich dicht an dicht in den Schattenfleck unter den Laubschirm einer Korkeiche. Auf einer Weide schaut ein Stier ins Tal hinab. Das Zikadenstreichkkonzert unter sengender Sonne wird erst vom mittäglichen Glockenschlag der königlichen »Basílica Real« unterbrochen. Die hohe, schlanke Kirche, mit ihren zwei Glockentürmen an exponierter Stelle errichtet, ist weithin von jeder Seite sichtbar, wenn man sich Castro Verde nähert. Das eindrucksvolle Spätrenaissancebauwerk ist der Hort des Andenkens an die Geburtsstunde der Reconquista Südportugals und an die himmlische Erscheinung des Erzengels Michael in der Nacht des 18. Geburtstages des späteren ersten König Portugals Dom Afonso Henriques.

Es wird erzählt, der Erzengel Michael sei an seiner Schlafstatt mit dem Auftrag für eine göttliche Mission erschienen und habe ihm das Schwert in die Hand gelegt für den Kampf gegen die maurischen Besetzer im einstigen Lusitanien. Der junge, tapfere und gottdevote Sohn aus Burgund beriet sich mit seiner Ritterschaft – Johannes, Templer und Calatrava, die ihm mit Geschick und Erfahrung zur Seite standen. Alle ließen sich von der himmlisch überbrachten Mission anstecken und planten einen Überraschungsangriff auf sieben wichtige Maurenenklaven.

Am 25. Juli 1139 eröffnete Dom Afonso Henriques mit der Schlacht von Ourique eine der sieben Schlachten für die Reconquista des Südens, war siegreich und ging als erster König Portugals in die Weltgeschichte ein. Die sieben besiegten Enklaven schmücken seither als Turmsymbole das portugiesische Nationalwappen.

In der königlichen Basilika kann man auf wandfüllenden Fliesenbildern die Schlacht von Ourique meisterhaft in blau-weiß gemalt nachvollziehen.

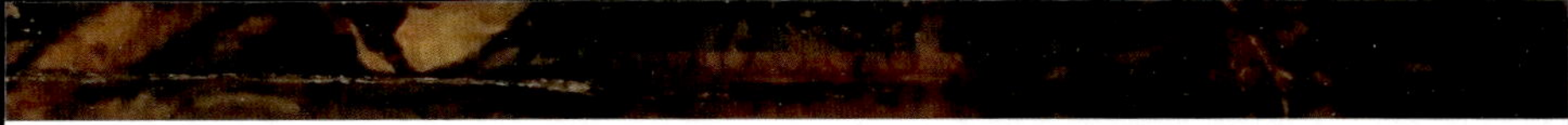

Adresse Basílica Real Nossa Senhora da Conceição, Praça do Município, 7780-217 Castro Verde | Anfahrt A2, auf IP2 nach Castro Verde, 2. Ausfahrt, Centro, N123 Richtung Mértola, Kreisverkehr Galp-Tankstelle geradeaus, Kreisverkehr 3. Ausfahrt, Wegweiser »Camara Municipal« und direkt vor der Basilika parken | Öffnungszeiten Mi–Sa 10–12.30 und 14–17.30 Uhr | Tipp Neben der Kirche steht eine Installation in Gedenken an die Schlacht. Zwei Straßen entfernt liegt das archäologische Öllampen-Museum »da Lucerna«. Das Denkmal des ersten Königs Portugals steht im 12 Kilometer entfernten Ort Ourique auf einer Aussichtsterrasse auf der Bergkuppe mit Blick auf das einstige Schlachtfeld.

33_Die Casa da Olaria

Die Handwerkergilde am Jakobsweg

Die Gemeinde Crato, mit Flor da Rosa und Gáfete an Etappe 14 des östlichen Jakobswegs in Portugal gelegen, ist eine historisch und landschaftlich reich beschenkte Region. Nachhaltig genutzte Naturressourcen bilden seit vielen hundert Jahren die Grundlage für soliden Handel und für diverse Handwerkskünste mit Holz, Kork, Granit und Tonerde. Der Granitsteinbruch in Gáfete liefert »gelben« Granit und exportiert ihn bis nach Japan, wo Grabsteine daraus geklopft werden.

In Portugal klopfen den glatten, wie poliert schimmernden Stein Kopfsteinpflasterer zu anspruchsvollen Mustern im Boden, wie zum Beispiel die Wellen auf dem Rossioplatz in Lissabon, die Hände Fátimas in der Rua Augusta oder Sternzeichen im Park des Imperiums in Belém. Der »Calçateiro« ist ein angesehener Beruf, doch seit es Asphalt gibt, ist er vom Aussterben bedroht. In der Gemeinde Gáfete nördlich von Flor da Rosa kann man Kopfsteinkunst par excellence auf den Plätzen »Barão de Gáfete« und »Dr. Armando Pequito« sehen.

Die Schnitzkünstler zaubern mit scharfen Klingen Schönes und Nützliches aus Holz und Kork. Einige Stücke findet man im Tourismusbüro im Kloster von Flor da Rosa. Besonders bekannt ist der Marktflecken für sein »loiça de barro«, Gebrauchsgeschirr für Küche und Herd, wie man hier sagt. Die unverwechselbare Tischflambierpfanne stammt von hier und auch die »assadora das castanhas«. Das ist ein Tontopf mit zwei Etagen, dazwischen Löcher. Unten glimmt Glut, oben rösten Maronen gar. Oder der Krug mit Ohren, den die Wasserkutscher früher voll mit Brunnenwasser gefüllt ausgeliefert haben, während sie – quasi im Pfandsystem – leere Krüge wieder mitnahmen. Ebenso wird hier die »algidar« getöpfert, eine Tonschüssel, in der die Hefemutter zum Brotbacken angesetzt oder Wolle und Leinenflachs zum Spinnen gewaschen wurden. In der »Casa da Olaria«-Töpferschule erfährt man die Geschichte der Töpferindustrie.

Adresse Casa da Olaria, Largo da Igreja 23, 7430-221 Flor da Rosa | **Anfahrt** A6 bis Estremoz, auf N245 über Fronteira und Alter do Chão, Crato links liegen lassen, Ausfahrt Flora da Rosa, M 1023, 1. links Rua Dom Nuno Álvares Pereira | **Öffnungszeiten** bitte an info@casadaolaria.pt eine E-Mail schreiben und den Besuch ankündigen | **Tipp** Fahren Sie nach Crato und erkunden Sie den Ort auf dem Rundwanderweg 1 bis zur Burg oder Rundwanderweg 2 in die Umgebung entlang Einsiedeleien und Brunnen. Die Töpferei Tavares Soares »Torre de Sino« in Crato verkauft von Hand getöpferte und bemalte Keramik und Azulejos.

34 Die Johanniter-Burg

Frühstücken mit Rittergrab im Blick

Das Bollwerk »Mosteiro Santa Maria de Flor da Rosa« könnte jederzeit Kulisse für einen Kreuzritterfilm sein, entspricht es doch von der Grabgruft bis zu den Zinnen allen Klischees hierfür. Aus Sandgestein der Region errichtet, steht es, zu einer historischen Herberge transformiert, in der Gemeinde Flor de Rosa und atmet mit jedem einzelnen Mauerstein 900 Jahre Geschichte ein und aus.

Hinter den dicken Mauern residierte der jeweilige Großprior der Iberischen Halbinsel des Johanniterordens mit seinen Beratern, den sogenannten acht Zungen, und führte die Geschicke des Hospitalordens des heiligen Johannes zu Jerusalem. Die Johanniter kämpften an der Seite der portugiesischen und der kastilischen Könige gegen den Islam. Zu ihren größten Verdiensten zählt die Schlacht von Salado gegen die wieder auf die Iberische Halbinsel eingefallenen Meriniden aus Marokko, in der Portugal und Kastilien gemeinsam gegen Muslime kämpften und sie besiegten.

In die klösterliche Feste in Crato, einer nach Zisterzienser-Vorbild errichteten Bastion Gottes, außen Bollwerk, innen Kirche, zogen sich die Johanniter zum Meditieren zurück. Unter Sternengewölbe, gotischen Ogivalbögen und Kreuzgewölbe suchten sie ihren inneren Frieden.

Gänzlich anderen Zwecken diente das Gemäuer später: Gleich zwei glamouröse königliche Hochzeitsfeiern fanden hier statt, frei nach dem Motto: alles unter einem Dach. Erst heilig heiraten, dann wollüstig die Hochzeitsnacht verbringen. Während des Restaurierungskrieges gegen die iberische Doppelunion zogen sich König João IV. und seine Truppen hierher zur Beratung zurück.

Nach der Beilegung sämtlicher Konflikte, inklusive des Bruderkrieges Anfang des 19. Jahrhunderts, blieb das imposante Bauwerk sich selbst überlassen, bis es zu einer Luxusherberge saniert wurde. So logiert man hier historisch, mit der Grabstätte des ersten Priors im Blick.

Adresse Mosteiro de Santa Maria de Flor da Rosa, Rua do Mosteiro 10, 7430-211 Flor da Rosa | **Anfahrt** A6 bis Estremoz, auf N245 über Fronteira und Alter do Chão, Crato links liegen lassen, Ausfahrt Flora da Rosa, M 1023 bis zur Rua do Mosteiro und Feste | **Tipp** Das Museum für Antike Kunst im Kreuzgang und den Nebenräumen hält eine unerwartet zahlreiche Sammlung Heiligenikonen bereit. Im Garten des Hotels bietet sich eine Kaffeepause mit Klosterkuchen »Tecolameco« an.

35 Das Museumshaus

Der portugiesische Popanz um das Ei des Kolumbus

Das Ei des Kolumbus wurde in Cuba ausgebrütet, behauptet eine Gruppe Hobby-Geschichtsforscher aus Cuba mit dem Romancier Mascarenhas Barreto an ihrer Spitze, der das an der Uni Lissabon höchst umstrittene Buch mit dem provokanten Titel »Christoph Kolumbus, der portugiesische Spion im Dienst des Königs« geschrieben hat. In diesem Buch ist Kolumbus Portugiese, in Cuba im Alentejo geboren, heißt Cristóvão Colón und war von König Dom Joao II. als Spion an den spanischen Hof geschickt worden, um die spanische Flotte auf See auf Irrwege zu leiten.

Um diesem Hirngespinst eines Dichters ein Ende zu bereiten, hat der in der Fachwelt international anerkannte portugiesische Historienforscher Tomaz einen Bericht verfasst, in dem er Barretos Behauptungen beweisstark entkräftet, nun, zumindest teilweise. Den von Tomaz zitierten Quellen über Genua als Geburtsort hat wiederum die Ehrenmitgliedergemeinschaft des Vereins Cristóvão Colon in Cuba einiges handfestes Lokalhistorisches entgegenzusetzen. Kolumbus soll ein Sprössling aus einer Liaison des Duques von Beja Prinz D. Fernando mit der Tochter des Entdeckerkapitäns Zarco gewesen sein und gebürtig Salvador Gonçalves Zarco geheißen haben, bevor er zur See gegangen sei und seinen Namen in Christoph Kolumbus geändert habe. Für die Gemeinde steht fest, dass Kolumbus aus Cuba im Alentejo stammt. Schließlich hat er die erste von ihm entdeckte Insel während seiner Expedition auf dem Seeweg gen Westen Cuba genannt. Wie könne er denn von Cuba im Alentejo wissen, wenn er, wie behauptet wird, in Genua geboren sei?

Die ganze Wahrheit werden wir nie erfahren. Seit 2011 steht eine mannshohe Kolumbusstatue vor dem Gerichtsgebäude in Cuba, und das Kolumbus-Zentrum über die Amerika-Entdeckung ist längst zum Touristenmagneten avanciert, wovon Handel und Gastronomie reichlich profitieren – Popanz hin – Popanz her.

Adresse Centro Cristóvão Colon, Largo Cristóvão Colon, 7940-170 Cuba | Anfahrt A2, Ausfahrt Castro Verde, auf der IP2 nach Beja, weiter auf IP2 Richtung Évora, in São Matias links abbiegen auf N158-1 nach Cuba, am Kriegerdenkmal rechts Rua de Serpa Pinto folgen, parken und zu Fuß durch die Fußgängerzone weiter bis zum Gericht und Museumshaus daneben | Öffnungszeiten Di–Sa 9–12.30 und 14–17.30 Uhr | Tipp Besuchen Sie das Schwarminsekten-Museum »Museu Vivo de Insectos« in Cuba, und zur Stärkung gibt es hinterher »Petiscos« bei einem kulinarischen Bummel durch Cubas originelle Tapas-Bars.

36 Die Elvas-Perlenfabrik

Süß-saure Pflaumen für die königliche Hochzeitstafel

Die grüngelbe Edelpflaume stammt ursprünglich aus Syrien und fand mit französischen Ordensschwestern ihren Weg nach Portugal. Bekannt wurde das süße Edelfrüchtchen im 15. Jahrhundert bei Hof und Adel als Dessertpflaume und fand bald darauf auch kandiert den Weg aus dem Kloster auf königliche Tafeln. In Frankreich wusste man die Frucht bei Hof ebenso zu schätzen, besonders gern aß sie Königin Claudia, Tochter von Anne der Bretagne. Aus der lukullischen Vorliebe der Königin erwuchs der Name der Pflaume: Reineclaude, auf Portugiesisch »Rainha-Cláudia«. Zuerst im Klostergarten kultiviert, später auf großflächigen Plantagen, stellt die Pflaumenzucht in Elvas einen eigenen endogenen Wirtschaftszweig dar. Von allen Sorten wird aber nur die Königin kandiert, die anderen kommen dehydriert als Trockenobst auf den Markt.

Der Zucker zum Kandieren kam einst von der Algarve, heute aus Brasilien. In Kupfertöpfen brodeln die von Hand verlesenen Pflaumen so lange in Zuckerlösung über offenem Feuer, bis der Zucker allmählich eine Kruste bildet. Die frisch kandierten Früchte schimmern wie Perlen und genauso heißen sie: »Pérolas d'Elvas«. Eigens von Ordensschwestern für höfische Diners kandiert, findet das Pfläumchen in Sirup konserviert heute seinen Weg in die lokale Gastronomie und wird als i-Tüpfelchen zum Biskuit serviert. Im Vereinigten Königreich schätzt man die »plums in sirup« bei Hof sehr. Berühmt wurde die Frucht in Agatha Christies Kriminalromanen, und sie selbst, heißt es, hat stets ein paar Gläser auf Vorrat aufbewahrt.

In der »Fábrica Museu da Ameixa d'Elvas« wird die Reineclaude nach wie vor nach klösterlichem Rezept und ausschließlich in Elvas kandiert. Auf einem geführten Rundgang durch die ehemalige Fabrik erfahren Besucher, wie das Kandieren funktioniert, und natürlich werden zum Schluss süße Elvas-Perlen mit Küchlein aus der Klosterkonditorei genascht.

Adresse Sereno & Fonseca, Fábrica-Museu da Ameixa d'Elvas, Rua Martim Mendes, 16/17A, 7350-082 Elvas | Anfahrt A6, parken an der Burg (siehe Ort 39), abwärts bis Stadttor dahinter links, 200 Meter geradeaus, dann rechts | Öffnungszeiten täglich 9–13 und 14–18 Uhr, Tel. für Voranmeldungen 00351/268628364 | Tipp Ein Verweil-Stopp auf dem zentralen Platz, Praça da República, mit seinen Cafés, dem Kulturhaus und der Kathedrale mit Museum für sakrale Kunst bietet sich im Anschluss an, Samstag gibt es einen Flohmarkt. In der Snack-Bar »Xico-Maroto« im Keller des alten Stadttores speist man hervorragend regionale Küche zum Mittagstisch, menschliches Lokalkolorit inbegriffen.

37 Das Jesuitenkolleg

Der Lebensbaum der Ordensgründer

Elvas ist ein lebendiges Militärarchitektur-Zeugnis von über tausend Jahren Festungsbaugeschichte. Folgt man den Gassen von der Burg abwärts, erhebt sich über den Dächern im Zentrum der ehemalige Kerkerturm mit dem Museum für Stadtgeschichte. Der Wall außen um die Stadt stammt hingegen erst aus dem 17. Jahrhundert. Drei doppelt gesicherte, meisterhaft ornamentierte Bogenportale gewähren Einfahrt. Sie sind so schmal, dass bloß ein Fahrzeug jeweils durch die Tore passt, und das wird stets hupend angekündigt, denn sehen kann man das entgegenkommende Auto nicht.

Dem damaligen König war besonders die Sicherheit vor Kanonenbeschuss wichtig, und so übertrug er die Bauaufsicht einem Spezialisten, dem Jesuiten Padre Cosmander. Dieser plante ein modernes Bollwerk mit Flanken und Hornwerk, das aktuell vollständig erhalten ist.

Cosmander war der erste Jesuit in Elvas, bis die Gesellschaft Jesu hier ein Kolleg anstelle der gotischen Santiago-Kapelle errichten ließ. In der nach Vorbild der »Il Gesù«-Jesuskirche in Rom gebauten Salvador-Saalkirche stößt man über dem Hochaltar auf einen außergewöhnlichen Kunstschatz: ein mit Porträts der Santos-Jesuiten belaubter Lebensbaum. Die Blätter dienen den Porträts als Rahmen und zeigen jesuitische Visionäre, die gemeinsam mit Ignatius von Loyola den Orden 1534 gegründet haben. Über 200 Jahre lang diente das Kolleg als Bildungsstätte und Paradigma für die von den Jesuiten angestrebte Humanismus-Renaissance. Doch die Schule musste schließen, nachdem Jesuiten in Lissabon in den versuchten Königsmord an Dom José I. verwickelt waren und der Orden aus Portugal exkludiert wurde.

Der philologische Buchschatz von Elvas findet in dem ehemaligen Jesuitenkloster seit 1880 dauerhaft eine Heimat. Eintritt gewährt ein Baldachin mit königlichen Insignien und blau-weißem Azulejomosaik als Kuppeldach.

Adresse Biblioteca Municipal de Elvas, Colégio Jesuíta, Rua dos Apóstolos 1, 7350-026 Elvas | Anfahrt A6, N246 nach Elvas, Kreisverkehr Aquädukt 3. Ausfahrt, nächster Kreisverkehr 3. Ausfahrt, rechts auf Avenida Garcia de Orta, geradeaus, am Militärmuseum parken und durch die Rua dos Chilões bis zum ehemaligen Kolleg mit Kirche laufen | Öffnungszeiten Mo und Di 9–13 und 14–17 Uhr, Mi 10–13 und 14–17 Uhr, Do und Fr 10–18 Uhr | Tipp Für Kirchenfans führt der »Circuito do Património Religioso« zu 24 Stationen – Kirchen, Kapellen, frühere Synagoge – und auf den mit Straßenkapellen markierten Kreuzweg bis zum Heiligtum mit Aussicht »Santuário da Piedade«.

38 Der Laurentius-Brunnen

Vollendet unvollendet

Dank eines bombensicher gebauten Wasserbunkers mit einem Fassungsvolumen von über 2.000 Kubikmetern in einer 58 Meter langen, fünf Meter breiten und acht Meter hohen Zisterne könnte Elvas vier Monate lang einer Belagerung standhalten. 26 Stufen führen abwärts in das 1650 konstruierte Reservat. Von dort wird das Wasser zu einer Vielzahl Brunnen in der teilweise von fernandinisch-spätmittelalterlichen, teils jüngeren Schutzmauern vollständig eingeschlossenen Stadt weitergeleitet.

An der Zisterne liefern vier Schnäbel und in der restlichen Stadt über ein Dutzend weitere Anlagen den Bürgern Wasser. Die Brunnen versorgten das Militär, das Burgviertel sowie das ehemalige Judenviertel. Der Wappenbrunnen »Fonte dos Cavaleiros« befindet sich an der Einfahrt nach Elvas, der königliche »Chafariz D'el Rey« an der Quelle des Aquädukts in Amoreira. Der Brunnen für die Armen »Fonte dos Terceiros« steht im Corujeira-Viertel. Ein effektheischender, mit Azulejomosaik geschmückter Wasserspender ist die »Chafariz da Piedade« neben gleichnamiger Kirche. Eindrucksvoll ist die künstlerische Verspieltheit aller Brunnen, die man auf einem Rundgang überall in Elvas entdeckt, aber besonders imponiert die »Fonte de São Lourenço«. Nach französischem Vorbild entworfen, bekränzen vier mehrere Meter hohe klassizistische Säulen das Becken.

Wie vom Auftraggeber Sachetti bestellt, sollten vier weibliche Statuen die Kapitelle obenauf schmücken. Allerdings hatte Sachetti nicht bedacht, wie sinnlich leicht bekleidet die griechischen Götterfiguren waren. Nackte Busen, selbst in Marmor gemeißelt, waren 1626 im erzkatholischen Elvas sittenwidrig. So blieben die Statuen in einer Scheune auf dem Landgut der Familie versteckt und der Brunnen unvollendet, bis auf Geheiß der Stadtväter die Götter aus Marmor 2005 doch aufgestellt wurden und seither das historische Viertel imperial schmücken.

Adresse Fonte de São Lourenço, Rua de São Lourenço 5, 7350-026 Elvas | Anfahrt A6, N246 nach Elvas, hinter dem Aquädukt links N4, am nächsten Kreisverkehr die 3. Ausfahrt nehmen, dem Straßenverlauf folgen, an der Totta Bank rechts in die Avenida de Garcia da Orta abbiegen, bis zum Militärmuseum folgen und dort parken; durch die Rua de Olivença laufen, rechts abbiegen in die Rua de São Lourenço bis zum Brunnenplatz | Tipp Im ehemaligen Kloster »São Domingos« mit Barockkirche neben dem Parkplatz an der Avenida Garcia da Orta ist das Militärmuseum von Elvas untergebracht.

39 Die Roncas von Elvas

Schnarchende Weihnachtstrommeln

Fast immer stehen vor dem Kastell merkwürdig bauchig geformte Tongefäße auf dem Kopfsteinpflaster. Manche davon sind klein und zylinderförmig, andere verjüngen sich, wieder andere haben einen Bauch. Der rote Ton ist entweder naturbelassen, mit Ornamenten verziert oder farbenreich glasiert. Alle Gefäße sind oben verschlossen und am Fuß offen. Bedeckt ist die Öffnung oben mit Leder. In der Mitte des Leders befindet sich eine trichterförmige Mulde, aus der ein Schilfrohr ragt. Der Töpfermeister Luis Pedras nimmt ein mittelgroßes Gefäß in den Arm und bewegt das Schilfrohr auf und ab. Je nach Größe, Form und Umfang ertönt ein schnarchendes Geräusch, das abhängig vom Tempo der Bewegung schnell, behäbig oder im Staccato erklingt.

Die sogenannte Schnarchtrommel, auf Portugiesisch »Ronca« oder »Zamburra« genannt, kennt man in Afrika und in Südamerika. Mit den Seefahrern und ihrer menschlichen Beute an Bord fand das simpel herstellbare Instrument der Urvölker seinen Weg nach Portugal und mit den verkauften Sklaven bis auf die großen Landgüter. In den Südstaaten in den heutigen USA wurde der »Blues« als Leidensgesang der Sklaven geboren. In den Alentejo brachten Arbeitssklaven aus Afrika und Brasilien diverse Signalinstrumente mit. Mit hiesigen Materialien schufen sie ihre heimatlichen Klangkörper anders. Die »Ronca« ist hier aus Ton anstatt aus Holz.

Portugiesen singen ja über wirklich alles, was ihr lusitanisches Gemüt bewegt, und so klingt portugiesische Folkloremusik traurig, lustig oder gar Gänsehaut erzeugend. Der »Fado« besingt das Schicksal der Corridinho, der »Algarve« die Lebenslust, der »Cante« den Alltag. Und in Elvas singt man an Weihnachten »Roncas«-Poesie, begleitet von eben diesen Schnarchtrommeln.

In der Töpferei im runden Wachturm außen rechts an der Burg kann man dem Keramikkünstler Luis Pedras beim Bauen der »Roncas« zuschauen und selbst einmal »Schnarchen« probieren.

Adresse Olaria Luis Pedras, Pedras do Castelo, Castelo de Elvas, Rua da Parada do Castelo 6, 7350-082 Elvas | **Anfahrt** A6, N246 nach Elvas, nach dem Aquädukt links N4, wieder links Richtung Hotel Vila Galé, daran vorbei geradeaus, auf Rua dos Quarteis, dem Wegweiser »Castelo de Elvas« folgen, unter der Burgmauer parken | **Öffnungszeiten** täglich 10–18 Uhr, am Wochenende besser vorher unter Tel. 00351/962919329 den Besuch anmelden | **Tipp** Ein Spaziergang führt durch das Kastell, das Burgviertel, abwärts durch das maurische Tor bis zum Englischen Friedhof.

40 Die Weltkulturerbe-Festung

Die große Schwester der Festung Wilhelmstein

Im Krieg für die Wiedereinsetzung der portugiesischen Souveränität brachten spanische Truppen ihre Artillerie 1659 auf dem Hügel Graça in Stellung und feuerten mit Kanonen auf Elvas. Die Stadt schloss sämtliche Tore und verbarrikadierte sich. Die Spanier triumphierten, weil sie dachten, Elvas gäbe bald auf. Sie triumphierten zu früh. Denn sie hatten nicht mit dem unbezwingbaren Willen der Portugiesen gerechnet, die spanische Fuchtel der bereits über 60 Jahre andauernden iberischen Doppelunion endlich loszuwerden und damit die Schmach nach der Niederlage in der Schlacht von Al-Quibir gegen einfallende Ottomanen in Marokko wettzumachen. Glorios gewannen die portugiesischen Truppen die Schlacht von Murtais bei Elvas und drängten die Spanier zurück über die Grenze.

Einhundert Jahre später wurde Elvas erneut Schauplatz internationaler Interessen während des Siebenjährigen Krieges. Doch dank strategisch kluger militärischer Schachzüge des Feldmarschalls Graf Schaumburg-Lippe ist es dem zahlenmäßig haushoch unterlegenen portugiesischen Heer dennoch in Allianz mit den Briten gelungen, das feindliche spanische Heer erneut aus dem Land zu drängen. Seither nennt man in Portugal diesen Krieg Davids gegen Goliath den »Phantastischen Krieg«. Zum Dank für seine Leistung als Feldmarschall erhielt Schaumburg-Lippe vom Marquis de Pombal Kanonen für seine Festung Wilhelmstein im Steinhuder Meer bei Hannover.

Der Hochadlige hatte sich beim Bau der Verteidigungsanlage Forte da Graça in Elvas von der Festung Wilhelmstein inspirieren lassen. Im Pomeranzenkrieg sowie im anschließenden Iberischen Krieg blieb das von Schaumburg-Lippe entworfene und nach Vauban-Vorbild mit Hornwerk strukturierte Bollwerk unbesiegt. Bis 1974 als Gefängnis genutzt, kann man das seit 2012 zum UNESCO Weltkulturerbe erhobene Fort besichtigen.

Adresse Forte de Nossa Senhora da Graça, 7350-410 Elvas | **Anfahrt** A6, N246 nach Elvas, an der Abzweigung vor der Stadt dem Wegweiser zum »Forte de Nossa Senhora da Graça« folgen, vor dem Fort parken | **Öffnungszeiten** Di–So 10–18 Uhr | **Tipp** Auf dem Weg zur Stadtmitte durchquert man die Arkaden des Aquädukts »Aqueduto de Amoreira«. Es verläuft 8,5 Kilometer weit, von den Quellen in Amoreira bis in die Stadtmitte von Elvas zum Brunnen »Fonte da Misericórdia«, es ist bis 31 Meter hoch, vierstöckig mit 845 Bögen errichtet und damit die größte Wasserleitung der Iberischen Halbinsel, die seit 1620 Wasser transportiert.

41 Das Azulejo-Museum

Glitzernde Steinchen im Tocha-Palast

Nach seiner Beförderung zum Kapitän der königlichen Ordonnanzen in Estremoz suchte Barnabé Henriques ein passendes Domizil und fand es am Marktplatz Rossio mitten in der Stadt, gleich gegenüber dem damaligen Quartier der Ortspolizeitruppe und heutigen Sitz des 3. Kavallerieregiments: den noblen »Palácio dos Henriques«, im Volksmund »Tocha-Palast«. Das mehrstöckige Gebäude präsentiert sich neoklassizistisch kühl, im Inneren dafür kunsthistorisch verspielt.

In der wie ein arabisches Riad quadratisch angelegten Residenz lebte der Kapitän mit seiner Familie bis zu seinem Tod und nach ihm seine Kinder und Kindeskinder. Den Gepflogenheiten des Savoir-vivre des 18. Jahrhunderts angepasst, war das Chalet mit Barock- und Rokoko-Fliesenbildern entlang der Wände in den Korridoren, im Treppenhaus, in der Küche und in allen Bädern reichlich geschmückt. Jagdszenen, Stillleben, Landschaften reihen sich Fliese für Fliese zusammengesetzt aneinander und formen eine eindrucksvolle Privatgalerie. Dazu glänzt Marmor am Boden, und schwere Lüster baumeln von Stuckdecken. Das Familienwappen über dem Eingang erinnert an den Gründer des Hauses, welches längst nicht mehr der Familie Henriques gehört, sondern erst als Hotel und jetzt als Museum für die größte Azulejo-Privatkollektion Portugals mit Fliesenkunst aus 800 Jahren Kunstgeschichte fungiert. Aus Sevilla, dem alten Persien, sogar aus Indien stammen einige Raritäten, die restlichen über 4.000 Exponate aus historisch famosen Manufakturen Portugals.

Jede einzelne Azulejo-Fliese glänzt noch genauso farbintensiv wie eben erst aus dem Brennofen gekommen. Chronologisch sortiert ist die Ausstellung nach Epochen vom maurischen Relief zur »Maiolica«, weiter zum plastischen Jugendstil, über Art déco bis zu zeitgenössischen Azulejos. Moderne Konzeptkunst aus Marmor rundet die Begegnung mit den glitzernden Steinchen ab.

Adresse Museu Berardo Estremoz, Palácio Tocha, Largo Dom José I, 7100-457 Estremoz | **Anfahrt** über A6 und IP2 nach Estremoz, kurz N4, IP2, nach Estremoz hinein via Rua Serpa Pinto, am Largo Dragões de Olivença links auf den Largo de Dom José I, das Museum liegt links | **Öffnungszeiten** Di–So 9–19 Uhr, für eine geführte Tour bitte unter museu.berardo@cm-estremoz.pt anmelden | **Tipp** Am Ende der Straße gelangt man zum Stadtbrunnenteich »Lago do Gadanha«. Der Weg dorthin führt über Bürgersteige mit Marmormosaik bis zur Rotunde mit Ehrendenkmal für gefallene Soldaten. Schräg gegenüber liegt die Franziskuskirche. In ihrer Grabesgruft ruhen Kapitän Barnabé Henriques und Frau.

42 Die Heiligen-Tonpüppchen

Kuriose Vogelpfeifen und blinde Engel

Püppchenmacherinnen nannte man früher kunstfertige Frauen, die Figuren und andere kuriose Dinge wie Talismane oder Glücksbringer aus Tonerde modellierten, ihre Töpferkunst auf dem Markt verkauften und von dem Erlös sogar alleinstehend leben konnten. Besonders zahlreich verkauften sie tönerne Vogelpfeifen, die verschiedene Vogelstimmen imitierten. Jeder wollte eine haben. Vor allem Kinder, die sonst kaum Spielzeug besaßen.

Die fröhlich-bunte Keramikkunst war zwar anerkannt, dennoch wurde der Lebenswandel der Püppchenmacherinnen von Ehefrauen eher kritisch beäugt. Vielleicht dachten sich die sogenannten Boniqueiros deswegen vor 300 Jahren eine ganz neue Figurensammlung aus. Neben Pfeifen, Glücksbringern und Spielzeugfiguren formten ihre geschickten Finger ab sofort Schutzengel und Lieblingsheilige. Den heiligen Antónius, den heiligen Josef, die Liebe Frau der unbefleckten Empfängnis, den Erzengel Gabriel. Zwar mit eigenem Esprit kreiert, aber dennoch streng uniform an das Original angepasst.

Die Idee machte Schule, und die Nachfrage nach Heiligenfiguren nahm derart zu, dass sich die Künstlerinnen vor Aufträgen kaum retten konnten. Neben religiösen Figuren ist der Blinde Engel der Liebe zum Dauerbrenner avanciert. Figuren mit traditionellen Trachten, die Spielzeugreihe und wie eh und je die Vogelpfeifen sind längt begehrte Sammlerobjekte. Über einhundert Charaktere sind mit dem Label »Creative European Arte« zertifiziert. Mittlerweile stellen Frauen und Männer Keramikfiguren aus Estremoz her und verdienen mit der Produktion und dem Verkauf ihren Lebensunterhalt oder ein Zubrot.

Seit 2017 stehen die »Bonecos de Estremoz« als Wahrzeichen für lokale Kulturidentität auf der Liste für immaterielles UNESCO-Weltkulturerbe. Afonso Ginja hält das figürliche Lokalerbe in seiner Werkstatt ganz besonders passioniert aufrecht.

Adresse Töpferwerkstatt Oficina-Loja Bonecos de Estremoz von Töpfermeister Afonso Ginja, Rua Direita 5–7, 7100-535 Estremoz | **Anfahrt** A6 und IP2 nach Estremoz, N4 Richtung Borba, sofort wieder links IP2 Estremoz, Kreisverkehr 1. Ausfahrt Richtung Castelo, Durchfahrt Porta de Évora, geradeaus, 1. rechts | **Öffnungszeiten** täglich 9–20 Uhr | **Tipp** Besuchen Sie die Ausstellung antiker und zeitgenössischer »Bonecos de Estremoz« im »Museu Municipal Prof. Joaquim Vermelho« und melden Sie sich, falls Sie das Modellieren ausprobieren möchten, für ein Atelier an.

43 Der Königinnenpalast

Im Boudoir der heiliggesprochenen Königin

Selbst im Auto fahrend fühlt es sich an, als reite man über die schmale steile Rampe durch das Ogivaltor in die Burg von Estremoz hinein. Nostalgisch-ritterliche mittelalterliche Häuser säumen den Platz. Die Fahrt endet am Königinnenpalast unter dem Bergfried aus weißem Marmor. Auf der Aussichtsterrasse davor thront auf einem Rondell die Statue einer Frau. Ihr schlanker Körper ist in ein schlichtes Kleid gehüllt, ein in den Stein modelliertes Tuch bedeckt ihr Haupt. Die Hände sind zum Gebet gefaltet. Fast scheint es, das Abbild der heiliggesprochenen Königin Santa Isabel würde gleich zum Leben erwachen und von seinem Podest herabsteigen.

Vor über 600 Jahren ist sie gestorben, doch in der Lokalgeschichte von Estremoz lebt ihr Geist fort. Mit elf Jahren wurde die Prinzessin aus Aragon mit dem unwesentlich älteren König Dom Dinis verheiratet. Eine Hochzeit zur Wahrung des Friedens, doch zwischen dem Königspaar entstand wahre Liebe. 46 Jahre währte Dom Dinis' Regentschaft, und Isabel stand ihm durchgehend als Vertraute zur Seite.

Bloß ihre Heimat vermisste sie schmerzlich. So ließ ihr Mann die Zitadelle »Alcáçova de Estremoz« bauen, mit einem Turm, der so hoch war, dass seine Königin bis in ihre Heimat schauen konnte. Die Gemächer der Königin liegen deswegen an der Nordostseite der Bastion, der Blick aus dem Fenster geht gen Spanien. In ihrem Boudoir, so heißt es, habe Dona Isabel gesessen und stundenlang ihr Haar gekämmt. Ihr Schlafgemach wurde im 18. Jahrhundert in eine Kapelle umgewandelt, doch ihr Boudoir mit dem Samthocker vor dem Spiegel am Fenster blieb so, wie es einst gewesen ist.

Die Azulejo-Galerie der Kapelle zeigt die Wohltaten der Königin, bekannt als die Wunder der »Rainha Santa Isabel«. Als fromme Katholikin hat sie den Armen Brot gebracht, Kranken und Waisen geholfen, sogar einen Krieg verhindert. Für ihre Milde wurde Königin Isabel heiliggesprochen.

Adresse Castelo de Estremoz, Largo Dom Dinis 18, 7100-509 Estremoz – Santa Maria | Anfahrt A6 und IP2 nach Estremoz, kurz auf N4 Richtung Borba, sofort wieder links IP2 nach Estremoz, Kreisverkehr 1. Ausfahrt Richtung Castelo, Durchfahrt Porta de Évora, am Platz rechts halten bis zum Turm | Öffnungszeiten Keine regulären Öffnungszeiten, sollte die Privatkapelle mit Boudoir der Königin links hinter dem Turm durch ein Eisentor verschlossen sein, bitten Sie die Aufseherin der Kirche »Santa Maria« um Einlass. | Tipp Durch das Hotel »Pousada« gelangt man nach Anmeldung an der Rezeption in den einstigen Palast und durch den Kreuzgang in den Turm. Die Aussicht nach Spanien ist grandios.

44 Das urbane Weinland

Schweinisch köstliche Tapas und Wein

Portugal ist ein Weinland und der Alentejo eine prädestinierte, hochprämierte Weingegend. Die Rebensäfte des Alentejo kitzeln mit aller Kraft der Sonne samten an Zunge und Gaumen, vermischen Nuancen von feuchter Erde mit Holz und süßsauren Früchten. Besonders Rote reifen zu voluminöser Fülle. Dass Wein in solcher Menge und Güte in der Kornkammer Portugals wächst, verdankt der Alentejo dem Gatten der heiligen Königin Isabel, König Dom Dinis, der im Anschluss an die christliche Rückeroberung Portugals verschiedenen Klosterorden Liegenschaften überschrieben hat, um die Region landwirtschaftlich urbar zu machen und zu rekultivieren. Mit Getreide, Oliven, Wald – und Wein.

Das Ergebnis gleicht einem Renaissance-Stillleben, durch das der Reisende hindurchgleitet.

Auf der »Rota dos Vinhos«, der Weinstraße durch den Alentejo, begegnen Weinfreunde den Winzererben in ihrer traditionell geführten »Adega do Vinho«, die einst von Ordensbrüdern bewirtschaftet wurde, oder in architektonisch futuristischen Kellereien. So zum Beispiel auf dem wie eine Welle gestalteten Weingut »Tiago Cabeças« am südlichen Stadtrand von Estremoz, wo neben Wein der populäre »Gin for Friends« produziert wird.

Wein aus Portugal ist in und die Konkurrenz stark. Um eine Marke in der Öffentlichkeit optimal zu platzieren, entstehen immer mehr Fusion-Projekte. Wein trinken, Wein erleben, lautet die Devise. Auch in dem vom britischen Entrepreneur Howard Bilton konzipierten urbanen Weinland kann man die Kellerei mitten in der Stadt besuchen oder im durchgestylten Restaurant »Howard's Folly« die Hausmarke HF kosten und dazu kosmopolitisch servierte lokale Spezialitäten genießen. Den Gastraum mit langer Thekenbar belebt eine Rotte kunterbunter, lebensgroßer Schweineplastiken, und für einen Moment lang glaubt man sich nach London, Berlin oder New York in eine schicke Bar gebeamt.

Adresse Howard's Folly Wine, Rua General Norton de Matos, 7100-107 Estremoz | **Anfahrt** A6 und IP2 nach Estremoz, kurz auf N4 Richtung Borba, Ausfahrt Rua do Barão Operário, links Rua 1 de Maio, rechts Rua da Restauração, rechts Avenida Dr. Marquês Crespo, links Rua Bento de Jesus Caraça, geradeaus liegt am Ende der Straße »Howard's Folly« | **Öffnungszeiten** Mo, Di und Do–So 12.30–15.30 und 19.30–22.30 Uhr, reservieren unter Tel. 00351/964197644 | **Tipp** Unweit entfernt steht die ehemals feudalistische Prangersäule und weist zur Porta de Sol den Weg durch Gässchen und Treppen mitten hinein in das mittelalterliche Burgviertel.

45 Die Alto de São Bento

Wo Giraldo einst auf der Lauer lag

Es geschah in einer Nacht ohne Mond, erzählt der Volksmund. Die maurischen Wachsoldaten fühlten sich in nächtlicher Schwärze in Sicherheit und schliefen den Schlaf der Ahnungslosen, als »die Hunde des Giraldo« die prächtige Bastion Yeborath im Sturm eroberten. Seit Wochen bereits harrte der Abenteurer Giraldo in der einstigen Zisterzienserinnenabtei Mosteiro de S. Bento de Cástris, hoffend auf eine eben solch düstere Nacht und die einmalige Gelegenheit, unbemerkt in die von einem über 15 Meter hohen Mauerwall befestigte Bastion einzudringen. Kanonen und Kugeln brauchte er für seinen raffinierten Plan nicht, Giraldo und seine Mannen erklommen den schützenden Wall mit langen Leitern, rückten lautlos über die Zinnen vor und konnten die schlafenden Mauren überrumpeln, entwaffnen und zum Aufgeben zwingen. Évora war erobert. Beobachtet haben der heldenhafte Ritter und seine Gefolgsleute die Feste zu ihren Füßen von der Anhöhe »Alto de São Bento« aus.

Eine massive Granitschicht bedeckt die Hügelkuppe, leicht gewölbt wie eine Kapuze. Von dort erkennt man sogar ohne Fernglas jedes Haus in Évora. Aus dieser Perspektive registriert man erst die Ausmaße der Stadtmauer, die nach wie vor drei Viertel der Altstadt umspannt. Mitten durch die liebliche Landschaft vor den Stadttoren, besprenkelt mit Weinreben und Olivenhainen, verläuft im Zickzackkurs das Aquädukt »Água de Prata« von der Quelle »Graça do Divor« 18 Kilometer bis zum Hauptplatz im Zentrum. Neben der Wasserstraße aus Ziegelstein und Granit liegen Weingüter sowie das Kartäuserkloster Scala Coeli mit dem größten Kreuzgang Portugals, das bis 2019 noch von vier Kartäusern geführt wurde. Das älteste Zisterzienserinnenkloster Portugals, das Convento de S. Bento de Castris, neben dem Aussichtspunkt hat zuletzt als Waisenhaus fungiert. Derzeit ist die Zukunft beider Abteien ungewiss.

Adresse Miradouro do Alto de São Bento, Sao Bento de Castris, 7000 Évora, N114-4 Richtung Arraiolos, 38°34'51.2"N 7°56'15 | **Anfahrt** A6 Évora, N114 Richtung Évora, am Kreisverkehr vor der Stadtmauer 3. Ausfahrt nehmen, am Kreisverkehr am Aquädukt Água de Prata 3. Ausfahrt, N114-4 Richtung Arraiolos, nach circa 3 Kilometern links CM1086 ganz hinauffahren | **Tipp** Ein kurzer Wanderweg am Água-de-Prata-Aquädukt entlang beginnt am Zisterzienserkloster am Kreuz neben der Straße den Sandweg entlang und führt bis zu den Arkadenbögen der Wasserleitung, die sich über die N114-4 spannen – und zurück. Das Kloster »Santa María de Scala Coeli« kann man Di, Do, Sa besuchen. Am besten hinterher auf dem Weingut »Cartuxa« eine Weinprobe einplanen.

46 Das Dach der Kathedrale

Die Weltkulturerbe-Aussicht

Die Treppe zum Dach der Kathedrale führt durch eine antike Holztür, das letzte Stück erklimmt man über schmale Stufen eine fensterlose Wendeltreppe hinauf. Vor dem Auf- und Abstieg über die Wendeltreppe sollte man sich laut bemerkbar machen. Denn es ist eng. Auf dem Dach gleich neben dem Glockenturm angekommen, ist der Schreck groß, sollten die Glocken just die Uhrzeit anschlagen.

Die Dachterrasse breitet sich über das gesamte Längs- und Querschiff der Kathedrale aus und endet hinter dem achteckigen Turm und Wahrzeichen Évoras über dem Altarraum. Die Aussicht zwischen den Glockentürmen hindurch reicht zum Stadtzentrum mit Gassenlabyrinth.

Die sandgestrahlte Franziskuskirche mit ihrer gruseligen Knochenkapelle nebenan und den kegelförmigen Aufsätzen am Giebel rückt ins Bild. Gegenüber duckt sich die Markthalle, dahinter der Park am Palast von König Dom Manuel. Am Westflügel schaut man auf die römische Tempelruine und entdeckt den Wasserspeicher der Stadt, an dessen Fassade »Giraldo« der Eroberer im Stadtwappen aufgemalt reitet. Daneben steht das Theater »Garcia de Resende«. Im Osten dominiert das Gebäude des quadratisch gebauten Dragonerregiments die Stadt. Die Garde des Königs wurde in den Alentejo beordert, als Évora zur zweiten Hauptstadt ernannt wurde und der König von hier regiert hat.

An der Rückseite der Kathedrale späht man auf den Weltkulturerbe-Stadtteil Évoras. Ein- und zweistöckig halten sich die Häuser im Windschatten der Kathedrale aufrecht. Das Viertel wurde in der von den Mauren eingeführten »taipa«-Lehmbauweise errichtet. Diese uralte, schlichte Methode, Mörtel aus Lehm und Sedimentgeröll mit Wasser zu mischen, diente portugiesischen Baumeistern in Brasilien aus Mangel an geeigneten Baustoffen für das Verputzen sowie für die Fassadengestaltung etlicher Orte in der einstigen portugiesischen Kolonie – und sorgt bis heute für reichlich Évora-Flair in Brasilien.

Adresse Catedral Sé de Évora, Largo Marquês de Marialva, 7000-809 Évora | Anfahrt am Torre Cinco Quinas parken; es geht zu Fuß vom Largo do Conde de Vila Flor« am Museum mit Stadtbibliothek vorbei zur Kathedrale | Öffnungszeiten täglich 9–17 Uhr | Tipp Bummeln Sie gemächlich von der Kathedrale zum Platz Praça de Giraldo durch die Rua 5 de Outubro mit hübschem Azulejo-Atelier und Kunsthandwerk, Kuriositäten, Mitbringseln, Wein-Boutiquen sowie einer ansprechenden Auswahl an Cafés und Kneipen.

47 Die Herberge im Convento

Die Vinothek in der Zisterne

Der Hirte wusste nicht, wie ihm geschah, als eines Nachts gleich neben seinem Schlafplatz plötzlich ein Dornenbusch Feuer fing und in den Flammen die Heilige Jungfrau erschien. Dieser Platz mit Busch ist heilig, entschied der Bischof von Évora, als er von der Marienerscheinung erfuhr, und ließ sogleich in Andenken an Maria im Dornbusch im Buch Moses eine Einsiedelei errichten. Bis König Dom Afonso ebenso von der Marienerscheinung hörte und eine Kirche in Auftrag gab.

Vor der Entscheidungsschlacht in Arzila zur Einnahme von Tanger in Marokko bat der König die Jungfrau um Schutz für seine Truppen und stiftete nach dem glorreichen Sieg auf maghrebinischem Boden der Kirche eine Heiligenfigur ganz aus Silber. Bald darauf zog der Hieronymitenorden in das wachsende Kloster »Espinheiro« ein und übernahm die Verwaltung. Des Weiteren spielte die Abtei in etlichen höfischen Episoden eine historisch bedeutsame Rolle. So erreichte König Dom Manuel I. hier die Nachricht der Indienentdeckung. Eine Prinzessin und ein Prinz teilten das Bett vor ihrer Trauung, und die Mönche fürchteten deswegen einen Fluch – der allerdings ausblieb.

Dafür schliefen in den folgenden 200 Jahren Könige aus Portugal, Spanien, Österreich, Frankreich und Germanien hier, und so manch politische Allianz wurde durch Hochzeit ebenso besiegelt. Als spiritueller Rückzugsort diente die Abtei nicht allein, sondern auch als Mausoleum. Famose Namen von Thronprinzen und Edelmännern liest man auf Grabplatten der Königskapelle in der Nähe des Klosters graviert.

Nobel wird die Tradition des Beherbergens fortgesetzt. Anstatt Gebet und Klausur, speist der Gast unter gotischem Kreuzgewölbe vorzüglich Zubereitetes, flaniert durch Arkaden und Patio, bestaunt die Geschichte des heiligen Hieronymus, das Azulejo-Mosaik mit »INRI«-Inschrift und lässt den Tag entspannt in der exklusiven Vinothek in der ehemaligen Zisterne ausklingen.

Adresse Convento do Espinheiro – Historic Hotel & Spa, 7005-839 Évora | Anfahrt A6 Évora, auf N114, am Kreisverkehr vor der Stadtmauer 3. Ausfahrt IP2 gen Norden, am Kreisverkehr »Minipreço«-Supermarkt IP2 Évora Monte, links abbiegen auf CM1089 Richtung Cemitério Espinheiro (Friedhof), daran vorbei, bald rechts abbiegen zum Spa-Hotel | Öffnungszeiten täglich abends | Tipp Täglich um 17 Uhr gibt es in Begleitung des Concierges eine Klosterführung. Im Hofladen »Queijaria das Romãs«, an der CM1088 gelegen, kann man Rohmilchkäsesorten aus Schafs- und Ziegenmilch kaufen.

48 Die Klosterkonditorei

Wo Speck himmlisch süß schmeckt

Den Unmengen Eiern von glücklichen Hühnern in den Klostergärten verdankten Priester früher ihr gestärktes Beffchen sowie gestärkte Manschetten, Kragen und Tuch, denn die Mägde im Pfarrhaus nutzten das Eiweiß als Stärkemittel. Den übrig gebliebenen Eigelben verdankt die Klosterkonditorei ihre Vielzahl zuckersüßer Eischaumküchlein. Mit großer Phantasie und regional unterschiedlichen Gewürzen buken Zuckerbäckerinnen Naschwerk für jeden Anlass. Die Palette an Klostergebäck reicht von Puddingtörtchen über Marzipan mit süßen Eifäden gefüllt bis hin zu mehrstöckigen Cremetorten, kunterbunt mit Zuckerguss garniert. Jedes Kloster ist stolz auf mindestens eine regional charakteristische süße Kreation, und die Konditorinnen von heute sind stolz darauf, die uralte Backtradition fortzuführen.

In Aveiro nascht man Oblatenteig mit Eierschaumfüllung. In Lissabon »Pasteis de Belém« mit Vanillepuddingsahne in Blätterteig eingebacken. An der Algarve Marzipan aus Süßmandeln. Und in Évora Himmelsspeck »Toucinho de Céu«, Mandelbrot »Pão de Rala«, kandierten Mandelkuchen sowie Torteletts mit Quark aus Schafsmilch. Das Sortiment wird noch genauso von Hand gebacken wie vor 500 Jahren. Zimt, Anis, Vanille verfeinern die Aromennuancen.

Das Schönste an den verführerischen Kalorienbömbchen ist ihre Größe. Die meisten kommen als Miniatur auf den Teller, schließlich kennen die Zuckerbäckerinnen ihre naschsüchtigen Kundinnen genau. Außerdem findet Frau in Portugal immer Zeit für ein Küchlein mit Käffchen und Schwätzchen in einem der unzähligen Cafés um die Ecke, die ab sieben Uhr morgens die Leute auf dem Weg zur Arbeit mit Koffein, Buttertoast, Orangensaft und süßen Teilchen versorgen. Frühstückskultur funktioniert hier eben anders. Die Konditormeisterin im »Pão de Rala« versteht ihr Handwerk. Ihr Café, mit der traditionellen Backstube auf Fliesen gebannt, ist durchweg gut besucht.

Adresse Pastelaria Conventual Pão de Rala, Rua do Cicioso 47, 7000-658 Évora | **Anfahrt** A6 und IP2 nach Évora, IP2 Richtung Beja bis zum Kreisverkehr mit Rennradinstallation, 3. Ausfahrt Avenida Calouste Gulbenkian, an der Gabelung rechts halten, Rua da Rampa, 2. rechts Rua de Cicioso | **Öffnungszeiten** täglich 8–19 Uhr | **Tipp** An der Travessa das Peras liegt die Residenz des Bischofs von Évora, drei Quergassen nach Westen die Rua da Graça mit der Militärkirche »Igreja de Nossa Senhora da Graça«. An ihrer Fassade wachen die vier Himmelsträger, von den Atlanten-Skulpturen inspiriert à la Michelangelo, über das alltägliche Geschehen auf der Straße.

49 Das Krippenmuseum

Die mexikanische Weihnachtskrippe

Die Kirche São Francisco mit Kloster in Évora war einst die Heimat für Schwestern und Brüder des dritten Ordens, der es erlaubte, dass Nonnen und Mönche in einer Abtei arbeiten und Kirchendienst verrichten. Die Anhänger des Bettelordens haben sich seit seiner Gründung durch Franz von Assisi der Nächstenliebe gewidmet. Die Kirche wurde vor wenigen Jahren grundsaniert. Das Hellbeige ihrer Fassade scheint auf den ersten Blick wie frisch gewaschen, und man mag kaum glauben, dass das Gebäude über 500 Jahre alt ist.

Doch die Insignien Pelikan und Armillarsphäre im Tympanon über dem Eingangsportal verraten, wer dem Orden Geld für diese Prachtkirche gegeben hat: König Dom João II. und sein Nachfolger Dom Manuel I.

Im touristischen Fokus steht die Kirche als solche eher nicht, was schade ist, denn ihre Seitenkapellen sind legendär, eine schmuckvoller als die andere. Dafür wollen alle Besucher Évoras die sogenannte Knochenkapelle besichtigen. Ihre Wände sind mit menschlichen Knochen ausgekleidet, morbid ästhetisch angeordnet. Die Skelette stammen alle aus Massengräbern für Pestopfer, die nach ihrem Tod sofort und ohne Sarg in tiefen Gruben zusammengehäuft beigesetzt wurden. Später wurden die Gräber gehoben und den Knochen in der Capela dos Ossos eine letzte Ruhestätte beschert.

Weniger bekannt ist die Kunstsammlung von Weihnachtskrippen aus aller Welt im letzten Stock der ehemaligen Franziskanerabtei. Die Krippen stammen aus Ländern, wohin der katholische Glaube von portugiesischen Eroberern und spanischen Konquistadoren ausgesät wurde. Besonders spannend ist die künstlerische Verschmelzung indigener mit westlicher Gottesanschauung, in Gesichtern und Kleidung erkennbar. In Stein gemeißelte Krippen stehen auf dem Dach. Die mexikanische erkennt man sofort, sehen die Köpfe der Heiligen Familie doch aus wie die eines Aztekentotems.

Adresse Igreja e Mosteiro de São Francisco, Praça 1 de Maio, 7000-650 Évora | Anfahrt A6 und IP2 nach Évora, IP2 Richtung Beja, am Kreisverkehr mit Rennradinstallation 3. Ausfahrt zur Avenida Fundação Calouste Gulbenkian, an der Gabelung links Avenida Gen. Humberto Delgado, am Park parken; die Rua da República hinauflaufen, circa 300 Meter links liegt die Kirche | Öffnungszeiten Mo–Do und Sa, So 9–18.30 Uhr, Fr 9–17 Uhr | Tipp Der Stadtpark im Fort »Baluarte do Conde de Lippe« mit Teich, freilaufenden Pfauen, maurischer Prinzessinnenpalastruine, Königspalastruinen und Landresidenz, exotischen Pflanzen und Pfefferbäumen lädt ein zu einer Pause mit Erfrischung am Parkkiosk-Café, die Markthalle gegenüber vormittags zu einem kulinarischen Bummel.

50_Das Kulturhaus

In der Schaltzentrale des Heiligen Offiziums

Es sollte eine nach römischen Maßstäben errichtete, perfekte Stadt werden. Exponiert auf der Hügelkuppe mit Palast und Tempel, und alle Straßen sollten dort enden. Tatsächlich hat sich das römische Municipium »Ebora Liberalitas Julia« auf der Kuppe des Hügels ausgebreitet, und tatsächlich standen am höchsten Punkt eine römische Palastanlage und ein Tempel. Die Tempelruine mit korinthischen Säulen steht noch. Doch viel mehr ist nicht übrig geblieben. Die römischen Villen und Paläste mussten dem maurischen Herrschersitz mit Moschee weichen und der wiederum dem katholischen Bischofssitz mit Klosterabtei und »Sé de Évora«-Kathedrale.

Das heutige Gebäudeensemble um das Karree an der römischen Tempelruine strahlt im Weltkulturerbeglanz. Im Städtischen Museum erfährt man Évoras Lokalgeschichte, in der Kirche der »Lóios« stößt man auf eine Krypta mit einem Haufen sterblicher Überreste einstiger Mönche, im arabisch anmutenden Patio daneben speist man vorzüglich, und die Weinboutique »Cartuxa« bietet erlesene Tropfen in adäquatem Ambiente.

Im »Centro de Arte e Cultura« für Zeitgenössische Kunst wandelt man staunend von Saal zu Saal, bis im dritten Stock ein Raum aus dem Rahmen fällt. Er ist leer. An der Kassettendecke ist ein Olivenzweig mit Schwert neben ein katholisches Kreuz gemalt. Das sind die Insignien des Heiligen Offiziums. Hier tagten von 1536 bis 1821 die Generalinquisitoren mit Kongregation zur Erhaltung der Glaubenslehre und Sittenmoral. Im privaten Büro des Großinquisitors eine Etage höher im Dachgeschoss wurde im Namen der päpstlichen Kurie tausendfach und oftmals willkürlich über Menschen entschieden, die vom Heiligen Offizium zu Ungläubigen, Hexen, Ketzern degradiert, im Untergeschoss eingekerkert und zwecks Bekehrung halb zu Tode gefoltert wurden – oder, sollten sie sich nicht »bekehren« lassen, dort auf ihre Hinrichtung warteten.

Adresse Centro de Arte e Cultura – Fundação Eugénio de Almeida, Largo do Conde de Vila Flor, 7000-804 Évora | **Anfahrt** A6 Évora Nord, auf IP2, am Kreisverkehr 1. Ausfahrt, CM 1088, U-Turn, Kreisverkehr 1. Ausfahrt in Avenida Lino de Carvalho, nach dem 2. Kreisverkehr gelangt man zur Uni, am Torre das Cinco Quinas parken, Rua Augusto Filipe Simões hinauflaufen bis zur Tempelruine, das Kunsthaus steht nebenan | **Öffnungszeiten** Di–So 10–18 Uhr | **Tipp** Kleine Auszeit im Grünen gefällig? Im »Jardim Diana« gleich hinter dem Kulturhaus serviert der Kiosk Kaffee und Snacks. Auf dem Hauptplatz »Praça de Giraldo« in Évora erinnert eine Plakette im Boden vor der Kirche neben dem Prunkbrunnen an die Opfer der Inquisition.

51 Die Neue Universität

Die Taube als Symbol für freies Denken

Portugal ist durch und durch symboldurchdrungen. So erzählt auch das an etlichen Türen in Évora sichtbar angebrachte Emblem mit einer flügelschwingenden Taube Wichtiges. Eine Skulptur des Vogels steht unter einem Judasbaum im Garten vor dem ehemaligen Jesuitenkolleg in Évora. Der frühere Seminarkomplex mit Galerien, Atriumhöfen, Aula und Zisterne schmiegt sich im Schatten der Jesuitenkirche »Espírito Santo« an die neuen Universitätsgebäude.

Durchschnittlich studieren hier 8.000 Studenten, einige davon noch in den genau gleichen Unterrichtsräumen wie vor 400 Jahren: fensterlos unter Kreuzgewölbe, umgeben von Azulejo-Bildern, die ihr Unterrichtsfach darstellen. Am 1. November 1559 wurde das akademische Jahr zum ersten Mal feierlich eingeweiht, und die Tradition setzt sich an jedem Allerheiligen zu Beginn des neuen akademischen Jahrs fort. Die Dozenten damals schufen eine Lehrstätte für die sieben freien Künste unter dem humanistischen Gedankendach eines »homo liber«. Im Zuge der Gegenreformation entstand mit der Akademie Espírito Santo in Évora eine renommierte Bildungsstätte für eine neue iberische intellektuelle Elite. Naturwissenschaftliche Fächer rundeten die Vermittlung von ganzheitlichem Wissen ab.

Nach dem Ausschluss des Jesuitenordens in Portugal wurde aus dem Kolleg ein Lyzeum und eine schwarze Studentensoutane Pflicht. Seit 1979 heißt die einstige Eliteschule »Neue Universität von Évora«. Ihr geistiges Symbol ist die Taube. Sie breitet ihre Flügel für Aufklärung und Dynamik aus.

Einlass in den Hort des Wissens finden Besucher durch das Atrium mit Kolonnaden. Während der Mittagspause sind die Vorlesungsräume leer. Eine freundliche Einladung, die Fliesenbildergalerie mit Darstellungen der sieben Künste und anderen Studienfächern auf eigene Faust zu erkunden. Beim Verlassen der Klasse bitte Licht ausknipsen und Tür schließen.

Adresse Universidade de Évora, Rua do Cardeal Rei 6, Largo dos Colegiais, 2, 7004-516 Évora | Anfahrt vom Parkplatz am Turm »Torre de Cinco Quinas« geradeaus die Largo dos Colegiais entlanglaufen, am Kreisverkehr links abwärts durch das Eisentor in den Garten der alten Universität links | Öffnungszeiten für Besucher mit Eintritt und Sicherheitscheck Mo–Fr 10–16 Uhr | Tipp Gleich in der Nähe Richtung Kathedrale liegt der arabisch anmutende »Páteo de São Miguel« mit entzückendem Café. In der Studentenkneipe »Bifanas de Vendas Novas« am südlichen Ende des Praça do Giraldo isst man herzhafte Eintöpfe und Schnitzelsandwiches zum Studententarif.

52 Nossa Senhora do Ó

Die Babyglocke in der Kathedrale

Die größte Kathedrale Portugals steht in Évora. Ihr architektonisch kontrastreiches Gesicht erzählt von Krieg, Kanonenbeschuss, vom Erdbeben 1755 und von der Plünderung des Gotteshauses durch Napoleons Truppen. 800 Jahre Geschichte spiegeln sich in der Sé de Évora in überraschend vielzähligen Details sämtlicher kunsthistorischen und architektonischen Epochen seither wider. Das prächtige, mit Sandstein eingefasste Archivolten-Portal, bekränzt mit Marmorstatuetten der zwölf Apostel, führt in das Längsschiff. Bis zum Querschiff mit Rosettenfenster, Seitenkapellen und Hochaltar misst es 70 Meter und wird von sieben Säulen mit Quergewölbe getragen.

Sofort erkennbar ist der Stilbruch zwischen Querschiff und Apsis. Roter und schwarzer Marmor, Renaissancegemälde, Bellini-Skulpturen lösen Sandsteinquader nach gotischer Manier im Kirchenschiff ab. Mit der Neugestaltung des Altarraumes beauftragt wurde der deutsche Hofarchitekt Johann Friedrich Ludwig. Der Blick des Betrachters schweift von der Apsis hinauf zum Geviert mit maurischer Hufeisenbogengalerie, zur ältesten immer noch funktionstüchtigen Kirchenorgel der Iberischen Halbinsel und bleibt an dem imposanten Barock-Goldaltar links-mittig im Längsschiff links hängen.

Gerahmt von Salomonischen Säulen, beschützt von Putten, umrankt von Lilienblüten und behütet von Jesus Christus am Kreuz, steht die »Nossa Senhora do Ó«, eine Hand zum Gruß erhoben, die andere auf den gewölbten Leib gebettet. Dieser ist wie ein O geformt und verlieh ihr vor 500 Jahren ihren Namen. Ihre Geste verkörpert liturgisch die freudige Erwartung von Christus' Geburt.

In Évora ist es daher seit vielen hundert Jahren Brauch, dass werdende Mütter die Heilige Ó um Schutz für ihr Kind bitten und dem Glöckner Bescheid geben, sobald die Wehen einsetzen. So wird die nahende Geburt mit einer eigenen Glocke läutend verkündet.

Adresse Sé de Évora, Largo Marquês de Marialva, 7000-809 Évora | Anfahrt am Torre Cinco Quinas parken; es geht zu Fuß vom Largo do Conde de Vila Flor am Museum vorbei zur Catedral de Évora | Öffnungszeiten täglich 9–17 Uhr | Tipp Erkunden Sie jeden Winkel der Kathedrale, vor allem den Kreuzgang mit seinen vier Evangelisten aus Marmor von Oliver Gand, den Orangenhof, die Kreuzganggalerie, die über eine Wendeltreppe am WC erreichbar ist, sowie die Gründerkapelle.

53 Das Radrennen-Denkmal

Alle Radathleten lieben die Volta de Alentejo

Die meisten zukunftsschwangeren Projekte in Portugal entstehen bei einem ausgedehnten Mittagessen. Vielleicht sogar alle! Dazu zählen der Alqueva-Stausee, die Algarve-Autobahn, das Mammutvorhaben, die EXPO 98 in Lissabon auf dem Gelände der einstigen Industriebrache im Osten der Kapitale zu bauen, und mehr. In Évora war das nicht anders, als eine Handvoll Lokalpolitiker, die nicht nur ein Faible für Politik, sondern auch für Radrennsport teilten, die Idee gebaren, eine eigene Tour zu kreieren. Das sportliche Großprojekt »Volta ao Alentejo« feierte 1983 Premiere und erfreut sich seither jährlich wieder großer Fanbeliebtheit und internationaler Wettkampfteilnahme. Die »Volta« sollte den Alentejo und seine Regionen bekannter machen, und das ist den Veranstaltern vollauf gelungen. Das Radrennen ist ununterbrochen *live on air*.

Einig sind sich die Beteiligten besonders in einem Punkt: Das Rennen ist anders als andere Radrennen. Das sagen auch Radsportgrößen wie der Spanier Miguel Induráin, der fünfmal in Folge die Tour de France gewonnen hat und seit 1995 im Alentejo mitfährt, sowie sein Kollege, Radsportler Manuel da Gaita aus Évora. »Auf dieser Tour sind wir Mitstreiter, aber nie Konkurrenten.«

Am Ende jeder Etappe sitzen Athleten mit ihren Managern neben Journalisten und Organisatoren im jeweils örtlichen Vereinsheim an einer langen Tafel, essen, trinken, lachen, knüpfen Bande fürs Leben. Dorfchöre singen für sie, Nonnen segnen sie. Das gibt es so bei keinem anderen Rennen. Deswegen kommen die Radrennfahrer gern immer wieder, fit für die 802 Kilometer auf sechs Etappen. Nach dem Finale feiern alle, Gewinner und Verlierer. Das war dem Mitbegründer des Rennens Manuel da Gaita von Anfang an wichtig. Für eben diesen sportkameradschaftlichen Esprit hat ihm die Stadt Évora die Rennräderinstallation gewidmet.

Adresse Rotunde zwischen der Avenida Dinis Miranda/Avenida Fundação Calouste Gulbenkian/IP 2, 7005-137 Évora | **Anfahrt** A6 und IP2 nach Évora, IP2 Richtung Beja bis zum Kreisverkehr mit Rennradinstallation | **Tipp** Das Kriegerdenkmal auf dem Gelände an der Stadtmauer lädt zum Betrachten ein, genauso das Quartel Central der Dragoner, die angrenzende Stadtfeste Baluarte do Picadeiro. Für Radler kommt hier noch ein Extratipp: Mieten Sie sich Fahrräder und erkunden Sie den Radwanderweg »Ecopista de Évora – Ramal de Mora«.

54 Das Rathaus

Der römische Kellergewölbe-Schwitzkasten

Die Feudalherren von Évora sind mehrmals umgezogen. Ihr erster Verwaltungssitz lag im Anbau am gotischen Kreuzganghof an der Rückseite der Kathedrale mit eigenem Zugang durch die Porta do Sol. Das archaische Stadtwappen des Rückeroberers »Giraldo sem Pavor« auf seinem Pferd, dessen Hufe auf den Köpfen des maurischen Königs und seiner Tochter als Symbol des Sieges ruhen, blieb sichtbar in Stein graviert. Der nächste Gemeindesitz lag am einstigen Kerkerturm. Unter König Dom Manuel I. erfuhr Évora infrastrukturell einschneidende Veränderungen. Das gesamte jüdische Viertel im Zentrum wurde abgerissen, ein Prunkplatz mit Kirche, Kolonnaden und Bürgerhäusern gebaut und nach dem glorreichen Eroberer »Praça do Giraldo« benannt. Der Gemeindevorstand zog ein in einen vom Hofarchitekten üppig mit manuelinischen Steinmetzarbeit ornamentierten Palast.

Von dort zogen die Ratsherren 1882 ein weiteres Mal um in das Chalet des einstigen Grafen Sortelha, der seinen Titel, seine Ehre und den Palast verloren hat, nachdem seine Familie in das gescheiterte Attentat 1758 auf König Dom José I. verwickelt war. Durch ein Rundbogenportal gelangt man in das mit Hydraulikfliesen im Schachbrettmuster ausgelegte Atrium. Die verschnörkelte Jugendstilfreitreppe à la Gustave Eiffel verbindet das Erdgeschoss mit den anderen Stockwerken. Der frühere Innenhof ist von einer Kuppel aus Glas überdacht.

Im Keller stößt man nicht auf Büros, sondern gelangt in das einstige römische Sauna-Spa mit Therme. Ein ausgeklügeltes gemauertes Kanalsystem leitete kochendes Wasser bis in das Spa mit Ziegelsteingewölbedecke, Tauchbecken und Ruhebänken und sorgte für ein echtes Dampfbad. Der archäologische Schatz wurde erst 1987 bei Sanierungsarbeiten im Rathaus freigelegt. Die Entfernung vom Rathaus zum römischen Tempel lässt die einstigen Ausmaße der römischen Enklave heute noch erahnen.

Adresse Câmara Municipal de Évora – Praça do Sertório s/n, 7004-506 Évora | **Anfahrt** am Torre Cinco Quinas parken; es geht zu Fuß weiter: vom Largo do Conde de Vila Flor rechts vorbei an der Weinboutique geradeaus die Rua Vasco da Gama entlang, am Ende rechts Largo Alexandre Herculano, links halten, Rua de São Tiago bis zum Platz Sertório | **Öffnungszeiten** Mo–Fr 9–16 Uhr | **Tipp** Buchen Sie ein abendliches, romantisches Baderitual im »In Acqua Veritas Spa«, dem einzigen römisch nachempfundenen Spa Portugals. www.inacquaveritas.com

55 Die Hinkelstein-Kathedrale

Eine steinzeitliche Totenstätte

Der Spitzname »Kathedrale« steht dem mächtigen Hünengrab gut zu Gesicht. Die zum steinzeitlichen Heiligtum aufgestellten Granitblöcke gewähren Einlass in eine Totenstätte von zwölf Meter Innenraumlänge. Hier huldigte ein Volksstamm am Übergang von der Sammler-Jägerkultur zur sesshaften Hirten-Bauernkultur etwa 3500 bis 4000 vor Christus seinem rituellen Totenkult.

Anhand diverser Artefakte, die bei archäologischen Ausgrabungen in dem Heiligtum und den ausgehobenen Grabgruften geborgen werden konnten – ausgestellt im Heimatkundemuseum von Évora –, lässt sich dieser Übergang anschaulich nachvollziehen. Werkzeuge zum Beackern des Bodens, Fruchtkapseln, Speisereste, feste Feuerstellen und mehr bezeugen diesen evolutionären Schritt der Menschheitsgeschichte. Rund um die Dörfer Valverde, Tourega und Guadalupe, inmitten weitläufiger Kork- und Steineichenwälder, wird die Gegend von etlichen Quellen mit Wasser gespeist. Die Erde ist in diesem Teil im Landkreis Évora außerordentlich fruchtbar. Vermutlich entstand hier auch der Name Évora, was etymologisch »Eichenwald« bedeutet. Der Zugang zu der bis 1965 unter Gestrüpp und Laubschichten verborgen gelegenen Totenstätte wurde durch Zufall entdeckt und nach und nach freigelegt. Der Fund war eine archäologische Sensation. Doch selbst am Granit frisst der Zahn der Zeit. Hitze, Kälte, Feuchtigkeit und Wind hinterlassen poröse Stellen am Stein. Dank des finanziellen Engagements einer Landgutbesitzerin wurde die Stätte restauriert. Je nach Tageszeit fällt Sonnenlicht an einer anderen Stelle in das tunnelartige Grabdenkmal. Die Stille, die Nähe zu den Geistern der Vergangenheit an diesem unterirdisch angelegten Friedhof, all das wiegt spirituell andächtig und beschert dieser größten steinzeitlichen Ruhestätte der Iberischen Halbinsel zu Recht den Spitznamen Kathedrale.

Adresse Anta Grande do Zambujeiro, Herdade do Sobralinho, 7002-554 Nossa Senhora de Guadalupe/Valverde | **Anfahrt** A6 Évora, rechts abbiegen auf CM 1075 Richtung Nossa Senhora de Guadalupe, weiter bis Valverde, links auf die Landstraße CM 1079, Richtung Mitra, im Weiler von Mitra dem Wegweiser »Anta Grande do Zambujeiro« folgen, bis die Strecke unbefahrbar wird, den Rest laufen | **Tipp** In der Nähe liegen der Weiler Mitra und die Herdade da Mitra, die frühere Abtei Conventinho do Bom Jesus da Mitra mit Teichanlage und Aquädukt, heute Uni Évora für agrarwissenschaftliche Studien. Zehn Gehminuten von Valverde entfernt steht mitten im Wald die Statue des Eroberers Giraldo.

56 Die Hinkelsteinfamilie

Ein prähistorischer Steinkreis

»Es gibt fünf Verbreitungszentren steinzeitlicher Felder mit Dolmen und Menhiren in Portugal«, notierte der Archäologe Pina Mendonça. »Sie dienten heidnischen Opferritualen und Totenkult.« Damals wurden 315 Dolmen gezählt, im Distrikt Évora allein stehen 66. Auf dem Kongress für Anthropologie und prähistorische Archäologie 1880 in Lissabon fand die These des französischen Archäologen Carthailac Anerkennung, dass die portugiesischen Dolmen über 6.000 Jahre alt seien und damit die ältesten auf der Iberischen Halbinsel.

Heute ist gewiss, dass Cromeleque dos Almendres in Guadalupe bei Évora sogar 2.000 Jahre älter ist als Stonehenge. Errichtet wurde der mystisch anmutende Steinkreis mit unterschiedlich hohen und dicken Megalithen in drei Phasen während der Stein- bis Kupferzeit. Ihre präzise geometrisch zu einer Acht gelegte Anordnung ist weltweit einzigartig und gibt den Forschern bis heute Rätsel auf.

Einige konnten gelöst werden, andere wird man nie lösen, denn wie alle megalithischen Anlagen, die nicht Beerdigungsritualen oder Territorialmarkierungen gedient haben, wurde auch diese nach den Sternen ausgerichtet. Aber die Stellung der Gestirne heute ist nicht mehr die von vor 6.000 Jahren. In drei Reihen gestellt harren die steinzeitlichen Zeugen an einem Hang unter Sonne und Mond aus. Am Kopf sind die Steine abgerundet. Einige sehen aus wie eine schwangere Frau, hinten flach, vorne gebaucht, was auf Fruchtbarkeitsrituale schließen lässt. In andere sind Symbole, Kreise, Augen, Halbmonde eingraviert.

Einige Gesteinsarten stammen gar nicht von hier, sondern mussten über weite Entfernungen hertransportiert werden. Ein Zeichen für die sakrale Bedeutung dieser Stätte im Wald, umstellt von Kork- und Steineichen. Einsam wachen die Hinkelsteine über den Ort, und dennoch scheint es, als neigten sie sich einander zum Tuscheln zu, sobald man sich ihnen nähert.

Adresse Cromeleque dos Almendres, Centro Interpretativo dos Almendres, 7000-222 Nossa Senhora de Guadalupe | Anfahrt A6 Ausfahrt Évora, rechts abbiegen auf CM1075 bis Guadalupe, dort den Wegweisern »Cromeleque dos Almendres« circa 6 Kilometer auf Sandpiste folgen, den Rest der Strecke laufen | Tipp Im Dorf Guadalupe an der Abzweigung zum »Cromeleque dos Almendres« steht ein Fertighaus, ganz und gar aus Kork, darin ist das Tourismusbüro untergebracht, öffentliche Toiletten, und es gibt einen Picknickplatz nebenan.

57 Die Casa de Convenção

Wo der Bruderkrieg geschlichtet wurde

Während der Invasion Napoleons zog der portugiesische Hof mit den Prinzen Miguel und Pedro nach Rio de Janeiro um. Nachdem Napoleons Truppen besiegt waren, kehrte Prinz Miguel mit den Eltern zurück, Prinz Pedro blieb in Brasilien. Ihr Vater rief 1820 die erste Regierungsreform aus, er wollte sein Land liberalisieren und mit der ersten Verfassung dem Absolutismus in Portugal ein Ende setzen. Das Oberhaus reagierte auf die Errichtung der konstitutionellen Monarchie empört, wollte die absolutistische Monarchie aufrechterhalten und zog den devoten Prinz Miguel auf seine Seite. Pedro blieb derweil als frisch gekrönter Regent in Brasilien, rief 1822 mit dem »Schrei von Ipiranga« die Unabhängigkeit Brasiliens aus und erhob sich zum Kaiser.

Nach dem Tod des Vaters und Königs drohte die Verfassung in Portugal zu kippen. Alarmiert von den möglichen Folgen, dass sein Mutterland erneut unter klerikales Zepter fallen und sich somit dem Anbeginn der Neuzeit verschließen würde, kehrte Pedro nach Portugal zurück. Den Thron bestieg er jedoch nicht. Dafür wünschte er sich eine zukunftsorientierte Herrscherallianz zwischen seinem Bruder und seiner Tochter. Miguel wollte jedoch die absolute Macht an sich reißen. Daraufhin entbrannte der sogenannte Bruderkrieg. Zwei Jahre später wurde der Konflikt 1834 zugunsten Pedros in Évora Monte beendet, die konstitutionelle Monarchie begründet und der Weg gen Zukunft geebnet.

Die Bastion mit ihren vier Türmen in Évora Monte erinnert an die Blutfehde von einst. Von den Zinnen erlebt man einen einzigartigen Rundumblick nach Évora, Borba, Arraiolos und Montemor-o-Novo. Das winzige Burgdorf am Fuße der eigenwillig erbauten Festung hingegen fiel nach der in der »Casa de Convenção« unterzeichneten Friedenskonvention zurück in einen Dornröschenschlaf – bis heute. Lediglich eine unscheinbare Tafel erinnert an das historische Großereignis.

Adresse Castelo de Évora Monte/Casa de Convenção, Rua de Convenção 43, 7100-314 Évora Monte | **Anfahrt** A6 Évora Nord, auf N18 nach Évora Monte, dort den Schildern »Castelo« folgen, in die Feste einfahren, parken, Richtung Burg laufen | **Öffnungszeiten** Burg Mo, Mi–So 10–13 und 14–17 Uhr | **Tipp** In der früheren Scheune für Getreidereserven »Silveirinha« lernt man erstklassige regionale Handwerksarbeiten und Kunsthandwerk kennen.

58 Das Kriegsmuseum

Die Schlacht in der Zwischenherrschaft

Eine mögliche portugiesische Interregna sorgte ab 1383 vermehrt für Unruhe. Wer sollte das Königreich ohne Thronerben regieren, bangte das Volk, als nach Prinzessin Beatriz kein Prinz mehr geboren wurde? Um einem neuerlichen Konflikt zwischen Kastilien und Portugal entgegenzuwirken, bot König Fernando von Portugal dem König von Kastilien seine Tochter Beatriz als Lebendpfand für die Einhaltung des zum x-ten Mal wieder umformulierten Friedensvertrag zwischen den beiden benachbarten, aber keineswegs befreundeten Königreichen an. Mit der Eheschließung wurde der Vertrag frisch besiegelt.

Doch kaum war König Fernando tot, witterte der Nachbar seine Chance, sich die reiche und einstmals kastilische Grafschaft westlich der Grenze wieder einzuverleiben. Und so stellte Beatriz' Ehemann Don Juan I. seine Frau – die einzig lebende und legitime Thronerbin des portugiesischen Zepters – auf das Schachbrett der Politik.

Allerdings hatte Dom Juan nicht mit zwei ausgefuchsten Kriegshelden gerechnet. Die Rede ist von Nuno Álvares Pereira und João, dem unehelichen Sohn des vorletzten Königs mit einer Konkubine. Sie bezogen mit ihren Truppen im Kampf für die Unabhängigkeit Portugals gegen das kastilische Heer Stellung. Die erste Schlacht »Batalha dos Atoleiros« am 6. April 1384 in Fronteira konnten die Portugiesen dank einer Kriegslist und ihres unumstößlichen Glaubens an ihre Schutzpatronin Nossa Senhora da Vila Velha tatsächlich gewinnen.

Und zwar ohne Verluste, heißt es. Die folgenden Schlachten in Trancoso und Aljubarrota verliefen ebenso siegreich, sodass Portugals Souveränität 1385 mit päpstlicher Bulle ratifiziert wurde. Der uneheliche Sohn wurde auf den Thron gehoben und zum König gekrönt, und Nuno Álvares Pereira zum Kriegshelden »Santo Condestável« heiliggesprochen. Das Kriegsmuseum »Atoleiros« zeigt die Schlacht bildreich und informativ.

Adresse Centro de Interpretação da Batalha de Atoleiros, Avenida Heróis dos Atolerios, 7460-101 Fronteira | Anfahrt A6 bis Estremoz, auf N245 über Sousel nach Fronteira, kurz vor dem Ortsanfang rechts N243 Richtung Monforte, im Kreisverkehr 3. Ausfahrt Estrada de Santo Amaro, geradeaus Avenida Heróis dos Atoleiros, das Zentrum liegt auf der rechten Seite | Öffnungszeiten Di–Sa 9–17 Uhr | Tipp Ein Pilgerpfad führt zum Sanktuarium der Schutzheiligen Nossa Senhora da Vila Velha. Einkehren kann man im Restaurant »Dom Alecrim« hinter der Pfarrkirche. Oder man unternimmt einen Spaziergang durch das Glockenturmviertel Fronteiras. Extratipp: Jedes Jahr rund um den 6. April stellt der Heimatverein in Fronteira die Schlacht am Originalschauplatz nach.

59_Die Gedenkmauer

Freiheit ist ein Menschenrecht

Das Monument auf dem Platz der Freiheit gedenkt dem Sturz der vier Jahrzehnte über dauernden faschistischen Diktatur in Portugal, die am 25. April 1974 mit einem Militärputsch ein Ende fand und in den Geschichtsbüchern als »Nelkenrevolution« bekannt wurde. Die Nelke diente der Revolutionsbewegung als Symbol, im Andenken an widerständige Soldaten, welche sich die Blumen in die Gewehrläufe gesteckt hatten. Für die Portugiesen bedeutete die Nelke, lieber zu sterben als unter faschistischer Regierung weiterzuleben.

In Grândola, bekannt als Wiege der Kampfbereitschaft gegen den Faschismus, schaukeln Marx' und Engels' Gesinnung mit. Ihre verständliche politische Lehre brüderlicher Gleichheit einte in den 1950er Jahren Bauern und Arbeiter im Alentejo zu »Compadres« – zu Parteigenossen der Kommunistischen Partei Portugals, die während der Diktatur verboten war.

Auf der Gedenkmauer an den 25. April liest man Namen von Menschen, die ihr Leben für die Freiheit gegeben haben. Auch die von den »April-Kapitänen«, wie das Volk seine Revolutionsführer liebevoll nennt. Auf die anderen Mauerhälfte sind Noten gemalt. Sie gehören zu dem Lied, das alle Portugiesen kennen und mit Tränen in den Augen singen. Es ist das Marschlied »Grândola, Vila Morena«. Das Lied vom roten Dorf, dessen Erde aufbricht und neue Sprösslinge hervorbringt, war während der Diktatur verboten zu singen. Komponiert und getextet hat es Zeca Afonso, der berühmte politisch verfolgte Liedermacher. Der aller Zensur, Verhöre und Folter zum Trotz Protestlieder zu Ehren der Faschismusopfer, des Freiheitskampfes und zu Ehren der Menschenrechte komponierte. Für den Tag, an dem alle Portugiesen singend in die Freiheit marschiert sind – für den 25. April 1974.

In Andenken an die Opfer der Staatsfolter steht an der Rückseite des Monuments die Pariser »Allgemeine Erklärung der Menschenrechte«. Als Mahnmal gegen Unterdrückung.

Adresse Praça da Liberdade, Rua Dom Nuno Álvares Pereira, 7570-239 Grândola | **Anfahrt** A2 Grândola, IC1 nach Grândola, westlich auf der Umgehung bleiben Richtung Norden, an der Tankstelle »Prio« rechts auf Rua Dom Nuno Álvares Pereira abbiegen, die Praça mit Monument liegt am Kreisverkehr rechts am Wasserspiel | **Tipp** Die zu einem Spaziergang zusammengefasste April-Route in Grândola (Broschüre im Tourismusbüro erhältlich) führt zu diversen künstlerischen Installationen zum Thema Revolution, zu Anti-Faschismus-Denkmälern und in den Stadtpark »Jardim Municipal de Grândola«.

60 Die Blaue Küste

60 Kilometer Traumstrand

Sagenhafte 60 Kilometer Sandstrand liegen im Landkreis Grândola. Die Traumstrände beginnen im Süden bei Melides, einem Sommerdorf mit Glamping und Camping, Strandwacht und Fischeridylle, und enden am Praia »Tróia Bico das Lulas« an der nördlichen Spitze der Dünen zwischen Comporta und Tróia an einem gekrümmten Stück Festland. Es erstreckt sich wie ein Atoll in die Bucht von Setúbal hinein, von karibisch türkisgrünen Wellen umspült. Nicht umsonst steht die Blaue Küste Portugals an dritter Stelle in der Liste der Top-Ten der paradiesischen Strände der Welt.

Keine Autostunde von Lissabon entfernt, dehnt sich hier der Sand schier endlos an der Küste Lusitaniens aus. Auf dem Satellitenbild als gleißend heller Streifen am Ozean erkennbar, unterteilt in etliche Strandabschnitte, einer schöner als der andere, leicht zugänglich, während der Badesaison größtenteils konzessioniert und mit Strandwacht ausgestattet. Fast alle Abschnitte sind mit Blauer Flagge für beste Wasserqualität ausgezeichnet. Und alle Strände sind groß genug, dass selbst während der Hochsaison, wenn ganz Lissabon und Umgebung am Wochenende zum Strandbaden fährt, jede Besucherin ihr Lieblingsplätzchen findet.

Freilich, ausgestattet für einen Strandtag sollte man sein. Gastronomie gibt es hier bloß punktuell, die gut gefüllte Kühlbox mit Getränken, Snacks und Obst ist obligatorisch. Wer keine Strandliege mieten möchte, sollte dennoch unbedingt einen Sonnenschirm aufspannen und an windigen Tagen zusätzlich einen Windschutz.

Die Bucht von Tróia ist gleichzeitig das Mündungsdelta des Rio Sado und schmiegt sich bis Comporta rund um Setúbal. Die Ufer am Ozean und in der Bucht sind durch eine Sanddüne getrennt. Im Winter ist diese Gegend ein Wanderparadies, im Sommer ein Strandbadparadies. Für noch mehr Ferienvergnügen bietet das mondäne Städtchen Tróia Wassersport und Bootsfahrten sowie ein pulsierendes Nachtleben mit Casino und Bars.

Adresse Praia da Comporta, etwa auf Mitte der Blauen Küste, 7570-789 Comporta | Anfahrt A2 Grândola, IC1 nach Grândola, auf N261 nach Comporta, N253-1 Tróia, links abbiegen zum Strandparkplatz Praia da Comporta | Tipp Nutzen Sie die Gelegenheit und besuchen Sie die griechisch-römische Ausgrabungsstätte »Cetóbriga«. Mit der Fähre vom Fähranleger »Cais Sul Tróia« daneben kommen Sie in einer Viertelstunde in das quirlige Fischerstädtchen Setúbal.

61 Die Nationalstraße N253-1

Die Straße für die Madame

Pulverfeiner Sand, sanfte Wellen, Stranddünen verlieren sich im Meeresdunst am Horizont. Am Morgen glänzt die See purpurn, am Mittag tintenblau und am Nachmittag tropisch türkis. Wie ein sandiger Finger streckt sich die Düne von Comporta zum Bergzug Serra de Arrábida auf der anderen Seite der Bucht aus und endet an einem Atoll mit dem epischen Namen Tróia. Ein Paradies.

Entdeckt in den 1950ern von einer Handvoll Milliardäre, entstand an der Meerseite eine Villenenklave. Kameraüberwachte Sommersitze der Reichen aus Orient und Okzident, die keine Bootsstunde entfernt von Lissabon ihr diskretes Urlaubsrefugium unterhielten, während der Faschismus das Volk traktierte. Zwölf Kilometer Stranddünen am Meer, 12.500 Hektar Land mit Reisfeldern, Pinienwäldern und Weiden misst die »Herdade da Comporta«, der größte Privatbesitz Portugals. Auf dem Gut herrschten feudale Zustände, auch nach der Nelkenrevolution. Knechte und Mägde wurden weiterhin geduzt und »mal pago, mal tratado« – schlecht behandelt, schlecht bezahlt. Besitzer bezeichneten die Saisonarbeiter aus der Algarve als Ratten, Tagelöhner als Neger und Arbeiter in den Reisfeldern als Moskitofresser.

Mit einem Projekt zur »nachhaltigen Nutzung von Naturressourcen« sollte ein Teil dem Millionengeschäft Tourismus geopfert werden, was fatale Auswirkungen auf das Ökosystem hätte. Damit nicht genug, zur Millenniumwende sollte sogar der Zugang zu den Stränden für Ansässige im Sommer gesperrt werden, was der einzigen Straße von Comporta nach Tróia bis heute den Spitznamen »Die Straße für die Madame« eingebracht hat.

Die Leute wüssten, wo ihr Platz sei, das war schließlich schon immer so, nahm eine Vorstandsvorsitzende aus der Betreibergesellschaft 2011 hierzu öffentlich Stellung. Das Vorhaben fand ein abruptes Ende, und die Straße ist wieder frei befahrbar – für alle.

Adresse Abzweigung von der Hauptstraße N253-1 zum Strand Praia da Comporta, 7570-789 Comporta, 38°23'03.4"N 8°47'54.3"W | **Anfahrt** A2 Grândola, auf IC1 nach Grândola, N261 nach Comporta, N253-1 Richtung Tróia | **Tipp** Im Restaurant-Museumshaus »Museu de Arroz« an der Gabelung Comporta/Tróia erfährt man mehr über die Geschichte des Landgutes und über das proklamierte Öko-Tourismus-Projekt. Im Kulturhaus »Casa da Cultura da Comporta« werden Werkzeuge und Boote der hiesigen Fischerei ausgestellt.

62 Der Stelzenhafen

Ein Fischerhafen-Relikt im Schlick

Ganz im Südwesten in der Bucht von Setúbal im Mündungsgebiet des Rio Sado schwappt das Meer behäbig an das schlickreiche Ufer. Das Naturreservat im Flussdelta beginnt oder endet hier, die Düne läuft weiter bis zum mondänen Strandbad Tróia, als wolle sie die Bucht umarmen und vor den Launen des Meeres beschützen.

Das Fischerörtchen Carrasqueira liegt mitten in der Marsch. Der Name bedeutet: Land ohne Grund. »Es gehört weder zum Meer noch zum Land«, sagen seine Bewohner. Die Gutsherren von Comporta, in deren Besitz auch die Dünen mit Marsch fallen, haben ihren Tagelöhnern auf den Reisfeldern während der Salazar-Diktatur erlaubt, im Sumpfland Hütten zu errichten – allerdings ohne festes Baumaterial.

Die damalige Hüttenkolonie aus Schilfrohr mit Reetdächern wurde mittlerweile längst durch gemauerte Häuser ersetzt. Die verbliebenen sogenannten »cabanas de colmo« sind nationales Kulturerbe. Manche sind noch von Fischerfamilien bewohnt, andere dienen Urlaubern als Öko-Feriendomizil.

Das Fischen in Carrasqueira ist beschwerlich, bei Ebbe zieht sich das Meer weit zurück und behindert das Ausfahren mit dem Boot wegen des Schlicks. Das flache »Lancha de Madeira« gleitet zwar beim Gezeitenwechsel flach über das Wasser, bleibt aber während der Ebbestunden ebenso im Watt stecken wie andere Boote auch. So kam ein von den Stelzenhäfen in Asien inspirierter Fischer auf die Idee, etwas Ähnliches in der Bucht zu konstruieren.

Es entstand ein in Portugal und ganz Europa einzigartiger Fischerhafen auf Stelzen. Strandgut, Bauholz, dünne Baumstämme, dickes Schilfrohr trieben die Fischer tief in den Schlamm, verbunden und gehalten von Schnüren und Draht. Den Steg bedecken Latten, Äste und Bretter. Die Arbeit am »Cais Palafítico« nahm ihren Anfang in den 1960er Jahren. Seither wächst das hölzerne Kapillarnetz – fertig wird es wohl nie. Das ist auch gut so, und dass Relikt im Schlick fortbesteht.

Adresse Cais Palafítico da Carrasqueira, Rua do Velho Eucalipto, Moitinha-Carrasqueira, 7580-613 Comporta | **Anfahrt** A2 Grândola, auf IC1 nach Grândola, auf N261 nach Comporta, rechts N253, links nach Carrasqueria in die Avenida dos Pescadores abbiegen, immer geradeaus bis zum Palafítico/Stelzenhafen | **Tipp** Vom Stelzenhafen kann man prima an der Marsch entlangwandern. In den Restaurants in Carrasqueira isst man bestens Fisch vom Grill und wer mag die lokale Spezialität Aal-Eintopf.

63_Das Buchkultur-Denkmal

Als die Kultur eines Tages auf die Straße ging

Das mit schattenspendenden Bäumen bekränzte Rondell ist eine stille Einladung. Nimm Platz, Gast, lege eine Rast ein – und lies. Bücher liegen gestapelt da. Griffbereit, will man meinen, doch es sind keine aus Papier, sondern aus Marmorstein. Der Bildhauer Isaque Pinheiro hat den rosa schimmernden Stein kunstvoll zu einem Buchdenkmal transformiert.

»Als die Kultur eines Tages auf die Straße ging« heißt das Monument. Acht aus rostfreiem Stahl geschweißte, charakteristische Bauernhöckerchen stehen drum herum. Hinsetzen möchte man sich an dieses lauschige Plätzchen, verweilen, eine Zeitung in der Hand – einen Moment innehalten. Die Installation erinnert an eine Zeit, als es in Portugal noch keine Schulpflicht gab und Kinder zum Arbeiten in die Reisfelder oder zum Ziegenhüten abkommandiert wurden. Als die Eltern und Großeltern genauso wenig wie ihre Nachkommen lesen und schreiben lernten. Als den Menschen der Zugang zu Kultur allgemein und über das geschriebene Wort zur Welt draußen, hinter der Grenze ihres Dorfes, ihres Landes, vom Staat verweigert wurde. Als man auf den Dörfern einzig durch die Mund-zu-Ohr-Post davon erfuhr, wie es früher war oder wie Menschen in anderen Ländern lebten, was sie dachten, welche Politik dort herrscht.

Unvorstellbar heute, wo der Zugang zu Bildung im Grundgesetz verankert ist, aber im Portugal vor 50 Jahren haben tatsächlich zwei Drittel der Bevölkerung keine Schuldbildung genossen. Und diejenigen, die schreiben konnten, durften über 40 Jahre lang nicht darüber schreiben, was sie bewegt, was sie über ihr Land und die Politik dachten, weil die Zensurbehörde ihre Namen und Bücher mit dem sogenannten Blauen Stift als aufwieglerisches Kulturgut im Verzeichnis verbotener Lektüren markiert hat.

Das Denkmal erinnert an all diese verbotenen Lektüren und daran, dass Lesen Kultur vermittelt und Freiheit schenkt.

Adresse Estátua Livraria Pública, Rua Nova 3, 7570-639 Melides | **Anfahrt** A2 Grândola, IC1 nach Grândola, EN261-2 nach Melides, am »Café Central« in der Mitte des Ortes links abbiegen in die Rua Nova | **Tipp** Legen Sie eine Rast ein in dem schattigen Park mit Quellfluss »Fonte dos Olhos«, am Ortsausgang von Melides an der N261-2.

64 Der Lagoa de Melides

Das Vogelbeobachtungshüttchen in der Lagune

Alentejo-Kenner lieben den Lagunensee in Melides im Landkreis Grândola. Das Örtchen ist von drei Seiten von Wasser umrahmt, auf der einen Seite beginnt der Ozean, an der anderen Seite dehnt sich eine 26 Hektar große Seenplatte aus. So geografisch limitiert hat das Seebad sein ursprüngliches Flair bewahrt. Bloß wenige Schritte trennen den Gast vom Strand am Meer oder der Lagune.

Es geht gemächlich zu in Melides, selbst im Juli und August, wenn der Campingplatz voll besetzt ist und die kleinen, familiär geführten Pensionen, die das Übernachtungsgewerbe vor Ort dominieren, ausgebucht sind. Wellenreiter und Meeresliebhaber wollen schließlich am Wasser übernachten. Schlicht und gut.

Und sobald sich der erste Streifen Morgenlicht am Himmel zeigt, machen sie und die Naturentdecker sich gleich auf die Pirsch. Die einen mit Surfbrett. Die anderen mit Feldstecher, Fotoapparat. Schweigend streifen sie im Zwielicht der Morgendämmerung durch die Lagune, wo das Froschkonzert lauter ist als die auf dem Strand »Praia de Melides« ausrollende Brandung. Schilfrohrhalme werfen zitternde Schatten auf den Spiegel des Sees. Je weiter fort vom Meer der Weg führt, je stiller ruht der Salzsüßwassersee, eingeschmiegt in grüne Seegraswiesen.

Das Ziel ist ein Holzhüttchen auf Stelzen. Freilich, groß ist es nicht, aber genau am richtigen Fleck steht es, um eine der 170 Vogelarten oder eine der 200 Schmetterlingssorten vor die Linse zu bekommen, die sich hier ihren Lebensraum mit den Touristen teilen. Selbst Nicht-Vogelkenner kommen auf ihre Kosten und können mittels Artentafel gesichtete Tiere wie Graureiher, Flamingo, Wiedehopf, Wildenten und Hühner bestimmen.

Dass die Lagune paradiesisch biodivers fortbestehen kann, dafür sorgt der Umweltverein »Bio Melides« und organisiert Mitmachaktionen, um zur Bewahrung des fragilen Ökosystems zu animieren.

Mitmachen können Einheimische – und Touristen.

Adresse Estrada da Praia de Melides, 7570-609 Melides – Praia de Melides | Anfahrt A2 Grândola, auf IC1 nach Grândola, EN261-2 Richtung Melides, Estrada da Praia de Melides zum Praia de Melides, Strandparkplatz, von dort den Schildern zum Open-Air-Café »Canas de Lagoa« folgen | Tipp Es gibt eine Tapasbar am Strand und im Strandbad. Wer mehr über das Vogelvorkommen in der Lagune erfahren will, findet auf der E-Bird-Webseite weitere Informationen. www.ebird.org/hotspot/L2357920

65 Der Strand von Galé

Die roten Gaudí-Klippen

Nach 50 Kilometern flach ausgestreckten Dünen mit Sandstrand erinnern die Sandsteinklippen von »Fontainhas« an eine Fata Morgana, die sich plötzlich und bis 50 Meter hoch direkt am Strand erheben. Satt ockerrot steht die über fünf Millionen Jahre alte Felsenformation im elementaren Kontrast zur karibisch blaugrün heranrollenden See.

Als sei es ein Gemälde, vergessen von einem berühmten Maler, der sich von der Einsamkeit an diesem Fleckchen Weltenmeer inspirieren ließ. Licht und Schatten werfen Muster in den Sand. Zwischen den Zahnreihen aus rotem Sandstein verlaufen dunkle, schattige Tunnel im Zickzack vom Meer weg oder dorthin zurück. Aus dem Sandsteinlabyrinth führen steile Treppen hinauf und hinaus, zurück zu Parkplätzen und zur Hauptstraße.

Der rote Sandstein kennzeichnet einen Kontinentalhang, der Sand wurde hier durch Brandung, Wellen und Wind an Land geworfen und hat sich im Laufe von Abermillionen Jahren verfestigt, als sei er zementiert. Gleichzeitig ausgehärtet und dennoch spröde, dient Sandstein den portugiesischen Skulpteuren seit vielen hundert Jahren dazu, ihre Werke an Kirchen und Klöstern, an Burggemäuern und in Türstöcken zu hinterlassen, alles Botschaften für diejenigen, die nach ihnen die Stätten besuchen.

Am Strand »Praia da Galé Fontainhas« haben fossile Spuren eine geologische Botschaft in den Stein graviert. Überall stößt man auf fossile Muscheln, Seesterne, Muster und Streifen, die das Alter der verschiedenen Schichten an dieser Küste verraten, die »das Ende der Welt« genannt wird, aber auch als Anfang der Welt betrachtet werden kann. Schließlich beginnt hier der eurasische Kontinent. Im Abendlicht glühen die Klippen rot und ähneln in ihrer Formation der Fassade der »Sagrada Familia«, der Kathedrale in Barcelona.

Als habe Antoni Gaudí sich von den Klippen inspirieren lassen. Wer weiß.

Adresse Praia da Galé, Fontainhas do Mar, 7570-689 Melides | Anfahrt A2 Grândola, IC1 nach Grândola, EN261-2 nach Melides, nach Norden EN261-2 Richtung Comporta, in Fontainhas links Richtung Campingplatz abbiegen, rechts am Campingplatz vorbei, im Zickzack durch die Siedlung bis zur westlichsten Kurve, dort wenn möglich parken und über die Treppe am Zaun entlang zu den Klippen laufen, danach knapp 100 Höhenmeter über Holztreppen abwärts zum Strand | Tipp In der »Ocean Club Beachbar« gibt es leckere Mochitos und Caipirinhas und im »Dreamsea Surf Camp« kann man fast direkt am Strand schlafen – unter freiem Himmel.

66 Das Flipper-Delta

Die große Großer-Tümmler-Familie

Dank der ungewöhnlichen Freundschaft zwischen einem Jungen und einem Delphin kennt die ganze Welt Flipper, den sympathischen Großen Tümmler, der so herzlich laut in die Kamera lacht. Große Tümmler, ausgewachsen zwischen zwei und vier Meter lang, werden bis zu 50 Jahre und älter und erbeuten täglich etwa zehn Kilogramm Fisch. Sonst als Meeressäuger-Nomaden auf Wanderschaft in den Weltmeeren unterwegs, gibt es in Europa drei Familienverbunde, die sesshaft sind.

Ein solcher Verband Großer Tümmler tummelt sich im kristallklaren, türkisblau schimmernden atlantischen Becken in der Bucht von Setúbal an der Mündung des Sado am Lagunenatoll von Tróia bis zum Kap Espichel am Fuße der Serra da Arrábida. 30 Tiere zählt die Familie derzeit, deren Mitglieder durch das ausladende Flussdelta flitzen, spielerisch die Fähre zwischen Tróia und Setúbal verfolgen und neugierig und frech Wassertänze vollführen, sobald die Beobachter an Bord der Tourismusausflugsboote sich ihnen nähern.

Der Tisch des Ozeans entlang der schroffen Felsen und am Kap ist reich gedeckt mit Wolfsbarsch und Tintenfisch, und in den flachen, schlammigen Gebieten rund um Comporta mit Meeräschen. Kein Wunder, dass man überall den Tümmlern begegnet, egal in welchem Teil der Bucht. Wer sie beobachten möchte, geht in Tróia oder in Setúbal an Bord oder taucht ab vor der zum Naturweltwunder erhobenen Strandbucht »Praia dos Galapinhos« zur Unterwasserdüne rund um die Anixa-Klippe. Tiefseetaucher braucht niemand zu sein, um die faszinierende Unterwasserwelt vor der Küste des Faltengebirges zu erkunden. Schnorchel, Taucherbrille und Schwimmflossen genügen. Der Kontrast zwischen dem pudrig weißen Sand und dem Türkisblau des Meeres mit all seinen dicht bewachsenen Rifffelsen ist ein Paradies für Hobbytaucher. Wenn da noch ein Flipper auftaucht, ist das Tropenfeeling perfekt.

Adresse Buchung am Kiosk »Quiosque Sado Arrábida« vor dem Casino am Yachthafen, 7570-789 Tróia oder telefonisch auf Englisch bei Rotas do Sal in der Markthalle »Livramento« in Setúbal, Tel. 00351/938122190 (Pick-up-Point nach Vereinbarung in Tróia oder in Setúbal) | **Anfahrt** A2 Grândola, IC1 nach Grândola, auf N261 nach Comporta, N253-1 nach Tróia zur Peninsula de Tróia | **Tipp** Planen Sie einen Ausflug von Tróia nach Setúbal mit der Fähre vom »Ponta do Adoxe«-Steg und besuchen Sie dort das naturwissenschaftliche Institut zur Erforschung des Großen Tümmlers »O Centro Interpretativo do Roaz do Estuário do Sado« und unbedingt den großartigen malerischen Fischereihafen.

67 Der Originalschauplatz

Die Begegnung Saramagos mit der Hoffnung

»Von Lavre reicht der Blick in die weite Welt«, schreibt der portugiesische Literaturnobelpreisträger José Saramago und meint das geografisch und metaphorisch. Das Dorf, in dem sich Kraft zum Aufstand gegen den Faschismus zusammenfand, spielt in seinem Roman »Hoffnung im Alentejo« die Hauptrolle. Saramagos neorealistische Geschichte erzählt von der Familie João Mau Tempos, die in ihrem Dörfchen mehrere Jahrzehnte das Joch der Diktatur ertragen hat. So wie alle ihre Nachbarn. Die Hunger darbten. Erniedrigungen aushielten. Schläge ertrugen, Verhör, Folter, gar den Tod derjenigen, die für ihr Festhalten an humanistischen Werten vom Salazar-Regime ermordet wurden. Deren Mördern nie der Prozess gemacht wurde und deren Tod bislang ungesühnt blieb.

Dennoch hielten sie aus, bis sie das Brot der Freiheit nach der Nelkenrevolution brechen und nach der erkämpften Agrarreform den Hunger besiegen konnten.

Für seinen Roman lebte José Saramago einige Monate lang in Lavre, um die Geschichte von der Wiedergeburt der Hoffnung authentisch an einem Originalschauplatz entstehen zu lassen. Sein Buch liest sich derart bildhaft, als würde der Leser am Tisch der Familie Mau Tempo sitzen, einen Teller Kohleintopf essen und aus den Mündern der Bauern, fern von intellektueller Auslegung, unbeschönigt hören, was sie bewegt. Mit ihren Worten erzählt der begnadete Autor ihre Sicht der Dinge. Die Leser erfahren von Seite zu Seite mehr über den emotional ungetrübten Blick der Bauern aus Lavre auf die Welt.

In ihrem Dorf begegnet man all den Stätten aus Saramagos Buch, der Ponte Cava, wo sich die Genossen trafen, sowie dem Mini-Markt Maça, von wo aus die Versorgung organisiert wurde, sogar die Klarnamen derer, die für den Weg in die Freiheit ihr Leben ließen. Die literarische Route »Levantado do Chão« führt zu wirklich all diesen Schauplätzen. Gänsehauteffekt inbegriffen.

Adresse Herberge José Saramagos in Lavre: Rua 5 de Outubro / Erinnerungshaus José Saramago mit Ausstellung: Rua Machado dos Santos 10, 7050-467 Lavre | Anfahrt A6 Montemor-o-Novo, auf IC10/N114 gen Norden nach Lavre, der Straße um den Ort folgen bis zur Ampel, links parken, am Brunnen vorbei geradeaus steht das Haus, in dem Saramago sein Buch geschrieben hat | Tipp Das Auto stehen lassen und Lavre zu Fuß erkunden bis zur Casa de Lavre, dem Gemeindesaal mit Ausstellung über Saramagos Buch und seine Figuren. Die eigene »Levantado do chão«-App führt zu allen Schauplätzen bis nach Montemor-o-Novo und Lissabon.

68 Das Freiluft-Minenmuseum

Die Katzengoldmine im südiberischen Pyritgürtel

Mitten durch den Alentejo verläuft ein mineralerzhaltiger geologischer Streifen, der Teil des südiberischen Pyritgürtels ist. Schwefelkies, Zink, Kupfer, Quarz heißen die Bodenschätze. Von den 200 Pyritminen Portugals war die Mine in Lousal mit eigener Güterzuganbindung die modernste. Direkt an den Gruben lag die Siedlung für die Arbeiter, angelegt wie ein Dorf mit Markt und Ärztezentrum. Das reichhaltige Schwefelkiesvorkommen bescherte den Minenarbeiterfamilien sichere Arbeitsplätze und den Minenbetreibern Wohlstand.

Als eine billigere Schwefelvariante das Katzengold vom Markt verdrängt hat, war es vorbei damit. Die Grube in Lousal musste schließen, die daraus resultierende Massenarbeitslosigkeit sorgte für soziale Not. Verursachte Umweltschäden hinterließen außerdem giftige Altlasten wie den kontaminierten See. Die Menschen zogen um. Das Dorf verwaiste.

Zwecks Wiederbelebung der Region gründeten Portugals führende Industriearchäologen gemeinsam mit der Stiftung Frédéric Velge das Projekt »RELOUSA«. Integriert in das Museumsdorf ist das ehemalige Elektrizitätswerk, in dem die Dieselmotoren zur Elektrizitätsgewinnung sowie die damalige Ventilationstechnik, die Werkstatt, das Minerallabor, das Gesundheitshaus sowie das Eishausf ür die Kühlung der Dieselmotoren ausgestellt sind. Besonders interessant sind einige Dutzend in der Königlichen Akademie Freiberg in Deutschland angefertigte Miniaturfiguren, die den Erzabbau originalgetreu nachstellen. In der Schieferstollengalerie »Waldemar« erfährt man unter Tage alles Weitere über die damals herrschenden Arbeitsbedingungen, die im Vergleich zu anderen Minen wesentlich besser waren. Im Institut für lebendige Wissenschaft wird gezeigt, was speziell aus Katzengold hergestellt wurde oder wie das Mineralerz und andere unter dem Mikroskop betrachtet aussehen.

Adresse Museu Mineiro do Lousal, Mina de Ciência, Centro Ciência Viva do Lousal, Avenida Frédéric Velge, 7570-006 Lousal | Anfahrt A2, Ausfahrt Grândola, IC1 nach Lousal, Wegweiser nach Lousal folgen, am Ortseingang an der Gabelung links halten bis zum »Museu Mineiro do Lousal« | Öffnungszeiten Di–So 10–18 Uhr | Tipp Planen Sie einen Besuch im Institut für lebendige Wissenschaft unbedingt mit ein. Hier gibt es umfassende Mineralkunde der lokalen Mineralerzvorkommen und anderes, zum Anfassen und Mitmachen interaktiv aufbereitet und auch für Kinder bestens geeignet. Im Restaurant »Armazém Central« isst man lecker.

69_Das Burgtheater

Musikfestival im mittelalterlichen Gemäuer

Mitten im Naturpark der Gebirgskette São Mamede krallt sich, auf einem der drei jeweils tausend Meter hohen Gipfel gelegen, die mittelalterliche Burganlage Castelo de Marvão an den Felsen. Wie ein Adlerhorst hockt das Burgdorf obenauf.

Wären da nicht Kirchtürme und weiß gekalkte Fassaden sowie eine schmale Straße, die in die Feste hineinführt, könnte man den Ort von Weitem beinahe übersehen. Der Schutzwall und das Felsmassiv zeigen die gleiche Farbe und Gesteinsstruktur, die Übergänge verschmelzen regelrecht miteinander. In die Spalten und Ritzen des Gemäuers kriecht Moos, Efeu rankt empor. Fast erweckt es den Anschein, als wüchse das Gemäuer aus dem Felsen heraus, der an der höchsten Stelle senkrecht in die Tiefe abfällt und damit eine Eroberung von dieser Seite unmöglich machte.

An der anderen Seite, gen Westen, mäandert der Sever-Fluss in Richtung des pulsierenden, geschichtsträchtigen Provinzstädtchens Portalegre. Sonst ist die Gegend kaum besiedelt und erfreut sich dank ihrer weitläufigen Wälder großer Beliebtheit für Wanderausflüge mit Picknick im Grünen.

Marvão gilt als bemerkenswertes Zeugnis spätmittelalterlicher Militärarchitektur. Ganz hinten in der Bastion geht es nochmals steil bergauf bis zur Zitadelle maurischen Ursprungs. Vorbei an Kunsthandwerksläden, Kapellen und Park führen wie in ein Nadelöhr zwei Sträßchen aufwärts. Hier droben ist der Himmel bloß eine Armeslänge entfernt.

Genau das hat sich wohl auch der deutsche Dirigent Christoph Poppen bei seinem ersten Besuch in Marvão gedacht und die Burg zur Orchesterbühne erkoren. Unterstützt wird das von Poppen initiierte Internationale Musikfestival in Marvão von namhaften Institutionen sowie vom Präsidenten der Republik Portugal. Die Konzerte finden alljährlich Ende Juli statt und sind meistens im Voraus bereits ausverkauft. Unter Liebhabern klassischer Musik ein absoluter Geheimtipp.

Adresse Castelo de Marvão, Rua do Castelo, 7330-114 Marvão, www.marvaomusic.com | Anfahrt A6 bis Elvas, auf N246 über Arronches nach Portalegre, dort Anschluss an die N359, die in Portagem die 246-1 kreuzt und als N359 und zum Schluss N359-6 nach Marvão führt, das Auto am besten am Festungswall parken und die Rua do Castelo hochlaufen | Öffnungszeiten täglich 10–17 Uhr | Tipp Einmal in Marvão unterwegs, sollte man sich Zeit nehmen für eine Besichtigung der Zisternen, für die Reiterstatuette des Maurenkönigs Ibn Maruan, für den Park im Kastell und am Fuß des Kastells und die Kirchen im Ort. Extratipp für Schwindelfreie: ein Spaziergang auf den Zinnen.

70 Das Kastanien-Kunsthandwerk

Die Kastanienstickerin und der Korbflechter

Kastanien sind in Marvão endogenes Kulturgut; Früchte, Rinde und Holz fester Bestand der lokalen Produktionswirtschaft. Lokale Tischlereien drechseln und zimmern aus Kastanienholz rustikales und elegantes Mobiliar für den Einzel- und Großhandel. Maronen finden ihren Weg in die lokale Küche für köstliche Suppen »sopa de castanha«, im Sommer für Sorbet »gelado de castanha«, als herzhafte Beilage für rustikale Braten, Füllung für Wildhühner sowie für vegane Brotaufstriche. Zum Martinstag steht die Kastanie im Mittelpunkt, dann feiert Marvão sein Gourmet-Kastanienfest mit Kunsthandwerkermarkt, Folkloremusik, Tanz und Dorfidylle. Zu den frisch über Holzkohle gerösteten Maronen wird süßlicher Rotwein serviert.

Die Bäume werden im Winter gefällt. Dann ist das Holz grün, wissen die Tischler. Die Rinde lässt sich leicht vom Stamm abziehen, der Stamm in dünne Bretter sägen, ohne dass sich das Holz spaltet.

Auch die Kunsthandwerkergilde der Kastanienholzflechter weiß das grüne Holz zu schätzen. Sie schneiden es mithilfe eines speziell geformten Messers in gleichmäßige Streifen. Diese Streifen werden in einem speziellen Sud-Verfahren biegsam gemacht, ein Jahr lang gelagert, anschließend nochmals gekocht, bis sich die bloß millimeterdicken Holzstreifen krümmen lassen, ohne zu brechen. Flinke Finger flechten aus diesen Streifen runde, rechteckige, flache oder hohe Körbe.

Noch eine ganz besondere lokale Handarbeitskunst ist das Kastaniensticken. Hierfür pressen und trocknen Kastanienstickerinnen Unmengen Kastanienschalen und schneiden sie zu. Auf diese Wiese entstehen ganz verschiedene Blütenblätter, Blumenkelche oder geometrische Muster. Anschließend sticken die Frauen die ausgeschnittenen Teile in das von ihnen zuvor entworfene Bild mit ein. Jede Handarbeit ein Unikat, in Passepartout mit Kastanienholz gerahmt ein echter Blickfänger.

Adresse Centro Cultural de Marvão im ehemaligen Kerkerturm mit Gerichtssaal, Largo de Olivença 7, 7330-121 Marvão | **Anfahrt** A6 Elvas, N246 über Arronches nach Portalegre, dort Anschluss an die N359, die in Portagem die 246-1 kreuzt und als N359 und zum Schluss N359-6 nach Marvão führt, das Auto am besten am Festungswall parken und die Rua de Castelo hochlaufen | **Öffnungszeiten** täglich 9.30–13 und 14–17.30 Uhr | **Tipp** In der Hotel-Boutique »Muralhas da Vila« findet man neben lokalem Kunsthandwerk auch kulinarische Leckerbissen sowie Wein und Likör der Region, Maronenhonig und veganen Brotaufstrich.

71__Die Schmugglerroute

Unterwegs auf dem Kaffee-Schmugglerpfad

Der Espresso »bica« gehört zu Portugal wie der Atlantik. Portugalreisende lieben das Käffchen heiß und innig und adaptieren beinahe automatisch die typisch portugiesische Eigenart, den Kaffee aus dem Schnabel der kleinen Tasse mehrmals täglich zu genießen. Während der Franco-Militärdiktatur in Spanien war die Ausfuhr von Kaffeebohnen aus Portugal verboten. Schwarzhandel wurde mit Gefängnis geahndet. Trotzdem wollten die Spanier nicht auf ihren »café-solo«, das Pendant zur portugiesischen »bica«, verzichten. Während hiesige Militärs und Grenzpolizisten die Grenze rund um die Uhr kontrollierten, wussten pfiffige Schmuggler ganz genau, wie sie die Ordnungshüter austricksen konnten und wo sie den Patrouillen am besten entwischten. Auch an der grünen Grenze in der Serra de São Mamede florierte der Schwarzhandel mit allem, was gebraucht oder erwünscht wurde, prächtig. Hier, im Schutze dicht gewachsener Wälder, deren Täler und Schluchten niemand besser kannte als die Einheimischen, gab es zwischen den Dorfflecken Aldeia de Galegos in Portugal und La Fontañera in Spanien einen Schmugglerpfad, von dem bloß wenige Eingeweihte wussten. Die Rede ist vom Kaffee-Schmugglerpfad »Contrabando do Café«.

Auf den Schultern einen Sack mit 60 Kilogramm Kaffeebohnen oder andere Schwarzmarktware, brachen die Schmuggler auf zum Treffpunkt mitten in der Wildnis. Die tollkühnen Schmugglerinnen schulterten 20 Kilogramm. Sie tauschten mit ihren spanischen Kolleginnen die Kaffeebohnen gegen Stoffbahnen »Bombazin«-Wollseide, die sie auf dem Schwarzmarkt mit sattem Gewinn verkauften, was das Risiko, unterwegs von Grenzpolizeipatrouillen geschnappt zu werden, lohnend aufwog.

Der Rundwanderweg PR4MRV führt durch Wälder und Schluchten und folgt dem Schmugglerpfad der einstigen »Contrabandistas« mitten durch die Berge und drei Dörfer bis zum damaligen heimlichen Treffpunkt an der Grenze.

Adresse Wanderweg Contrabando do Café, Beginn und Ende neben der Kirche »Igreja de São Sebastião dos Galegos«, Aldeia de Galegos, 7330-065 Marvão | **Anfahrt** IC13 nach Portalegre, N359 Richtung Marvão, bei São Salvador da Aramenha auf N246-1 Richtung Spanien/Valencia de Alcântara, in Braçais auf M1088 nach Aldeia de Galegos, Hinweis »Cemitério« (Friedhof) durch die enge Gasse folgen | **Tipp** Im Dorf Aldeia de Galegos sollte man die Gelegenheit nutzen und die antike Olivenölmühle »Lagar Museu Azeite Castelo de Marvão« mit Olivenölverkostung besuchen.

72_Die Alte Bogenbrücke

Das »Freilichtmuseum« am Goldfluss

Kurvenreich durch dichten Schirmpinienwald abwärts geht es vorbei an einem Zypressenhain, bis die Burg von Mértola erscheint. Eine über 80 Meter hohe Bogenbrücke mit fünf Halbvolten leitet an der Westseite über den Oeiras-Fluss und führt in die zwischen dem Oeiras und Guadiana auf einem Felsmassiv thronende Feste. Kurz vor der bloß einspurig befahrbaren Brücke kann man rechts anhalten und die Aussicht auf sich wirken lassen. Der Blick schweift hoch und höher am äußeren Wall des über tausend Jahre alten Maurenkastells entlang bis zu den Zinnen des Bergfrieds. Von der anderen Seite, aus Serpa über die N265 kommend, beeindruckt der Ausblick an der Neuen Brücke gleich noch einmal mit Sicht auf den von den Ansässigen als Freiluftmuseum betitelten ehemaligen Flusshafen mit Feste.

Das unbedeutende Dörfchen gewann zunehmend Aufmerksamkeit, als phönizische Seefahrer den Guadiana flussaufwärts erkundeten, im Alentejo auf Erzmetallvorkommen stießen und im heutigen Mértola einen Flusshafen anlegten. Sie nannten ihn »Myrtilis«, nach der gleichnamigen altgriechischen Insel der Seligen, und nahmen den Lastschiffverkehr zwischen Mértola und der Guadiana-Mündung im heutigen Vila Real de Santo António im Osten der Algarve auf.

Dort wurden das Erzmetall, bereits fertig geschmiedete Waffen und Werkzeuge, aber auch andere Handelsgüter wie Holz, Olivenöl, Wein, Getreide, Salz und Kork umgeladen auf hochseetaugliche Segelschiffe. Diese nahmen Kurs auf die Handelshäfen im Mittelmeer und entlang der portugiesischen Süd- und Westküste.

Mértola hieß in jeder Herrscherepoche anders, bei den Römern »Julia Myrtilis«, bei den Mauren »Martulah«. Dank des Flusshafens und seiner Lage an der Via Romana zwischen Sevilla und Lissabon entwickelte sich der Ort zu einem florierenden Marktplatz und lädt heute ein zu einem Spaziergang durch 2.500 Jahre Geschichte.

Adresse Ponte Antiga IC27/Ponte Nova N122, 7750-391 Mértola, 37°38'16.6"N 7°39'59.3"W | Anfahrt A2 Abfahrt Vila Real de Santo António Richtung Norden und Beja auf der IC27/N122, Gabelung rechts auf N122 nach Mértola und kurz vor der Brücke rechts anhalten | Tipp Vom Aussichtspunkt »Mirante da Ermida de Nossa Senhora das Neves« schaut man der Burg und der einstigen Moschee und heutigen Pfarrkirche aufs Dach. Besonders zum Sonnenuntergang lohnt sich der Aufstieg – oder die Auffahrt.

73 Das religiöse Doppel

Ein arabisches Mihrab im katholischen Altar

In Mértola wartet unter jedem Stein eine Geschichte, man muss sie bloß erzählen. So wie die in der archäologischen Stätte unterhalb der mächtigen Maurenburg bunt zusammengelegten römischen Mosaike von römischen Göttern und der Bedeutung des Thunfischfangs erzählen oder das unterirdische Silo vom immensen Getreidevorkommen in der Region. Der antike Friedhof beherbergt Gräber von Toten unterschiedlichen Glaubens. Neben den Gemäuern aus römischer Zeit bauten Männer aus dem Morgenland ihren Palast und daneben eine Moschee, die heutige Pfarrkirche Mariä Verkündigung. Ein Paradigma für die Populär-Kirchenbaukunst im Alentejo mit Kontraforts außen und den typischen Kegelaufsätzen entlang der Dachkante.

Vorne empfängt heute ein klassizistisches Kirchenportal Christen, an der Rückseite gewährte früher eine Holztür in einem Hufeisenbogenportal Einlass in den Patio, wo Muslime ihre Schuhe stehen ließen und barfuß durch eine der drei maurische Bogentüren in den Gebetsraum eintraten. Im Keller der Kirche kann man die Krypta besichtigen.

Von den 20 Säulen, die das Dach der quadratisch erbauten Moschee trugen, stehen noch zwölf und teilen das Kirchenschiff in fünf mal fünf gleich große Flächen. Gewölbe und Quergewölbe sitzen auf Kapitellen, die naturalistisch ornamentiert sind und nicht wie zuvor mit geometrischen Mustern der orientalischen Ästhetik verziert. Ursprünglich hatte das Gotteshaus fünf Schiffe, die die fünf Pfeiler des Islam – Glaubensbekenntnis, Gebet, Fasten, soziale Spenden und Pilgerfahrt nach Mekka – symbolisierten. Der heilige Wandschrein »Mihrab« war wie üblich gen Mekka ausgerichtet.

Auf dem katholischen Altar steht eine Marienfigur mit Jesuskind, und hinter ihr in die Wand eingelassen sieht man die wieder freigelegte Nische des islamischen Altars aus dem 10. Jahrhundert. Übrigens das einzige historisch belegbare »Mihrab« Portugals.

Adresse Igreja da Nossa Senhora da Anunciação, Rua Dr. Manuel Francisco Gomes 3, 7750-354 Mértola | **Anfahrt** A2 Ausfahrt Vila Real de Santo António in der Algarve nach Norden Richtung Beja, IC27/N122, Gabelung rechts weiter auf der N122 nach Mértola, am Ortseingang hinter der Mehrzweckhalle links auf dem Parkplatz parken, zu Fuß geht es weiter in die Burg und den Ort, am Markt vorbei rechts hoch bis zur Kirche | **Öffnungszeiten** täglich 10–12.30 und 14–17 Uhr | **Tipp** Gönnen Sie sich eine Pause im »Guadiana Café« an der Stadtmauer und probieren Sie hausgemachte Gourmetburger aus Hackfleisch vom freilaufenden Angusrind aus dem Alentejo. Auf dem Weg dahin lohnt sich ein Besuch in der Wollspinnerei mit Bauernhausmuseum am Tourismusbüro.

74 Serrão Martins' Denkmal

Humanistischer Esprit im Orangengarten

Das Denkmal steht am Platz Luís de Camões. Inmitten leuchtend orangefarbener Pomeranzen, deren Blüten im Frühling ein intensives Bergamotte-Aroma verströmen. Die Bäume mit den göttlichen Früchten haben Symbolwert, überliefert aus der Zeit der Maurenfürsten signalisieren sie Reichtum. Der Name des Platzes erinnert an den Nationaldichter Luís de Camões, der 1574 erstmals literarisch in strophischem Hohegesang die Entdeckerepoche episch für die Nachwelt in »Die Lusiaden« aufgearbeitet und die gesamte portugiesische Nation zu Volkshelden erhoben hat. Der Todestag des Dichters am 10. Juni ist der portugiesische Nationalfeiertag und heißt »Dia de Camões«.

Doch ihm ist das Denkmal nicht gewidmet, sondern Serrão Martins aus Mértola. Die Bronzeplakette mit seinem Konterfei, wie auf eine Münze geprägt, hängt an einem Felsbrocken, der aussieht wie das abstrahierte Profil eines Mannes. Serrão Martins war etliche Jahre als Offizier in der ehemaligen Kolonie Portugals Mosambik stationiert. Der Dienst an der Waffe hat ihn geprägt und sein Auge für Recht und Unrecht geschult. Bis zum Tag der Revolution hat er dem Regime gedient, aber keinen einzigen Tag länger.

Kaum heimgekehrt, stellte Martins sich als unabhängiger Demokrat als Bürgermeister zur Wahl, gewann und setzte sich ein für bessere Schuldbildung, für solide berufliche Weiterbildung besonders für Frauen und überhaupt für ganzheitlichen Fortschritt in der Region. Er war bekannt als Frohnatur und als Mann, dessen Wort gilt.

Dank seiner Integrität und Tatkraft schaffte es der Landkreis Mértola nach dem Militärputsch am 25. April 1974 und der Schließung der Kupfererzmine dennoch, demografisch und sozioökonomisch dem Kurs in die neue Freiheit zu folgen. Mit seinem Optimismus steckte er alle an, mit anzupacken und die Zukunft gemeinsam zu gestalten. Sein Unfalltod hinterließ menschlich und politisch eine große Lücke in der Gemeinde.

Adresse Praça Luís de Camões, Rua Dom Sancho II, 7750-350 Mértola | Anfahrt A2 Ausfahrt Vila Real de Santo António in der Algarve nach Norden Richtung Beja, IC27/N122, Gabelung rechts weiter auf der N122 nach Mértola, am Ortseingang hinter der Mehrzweckhalle links auf dem Parkplatz parken, zu Fuß geht es weiter in die Burg und den Ort, am Markt vorbei links die Straße am Fluss hinunter | Tipp Im Keller des Rathauses kann man (werktags) die archäologische Ausgrabung einer römischen Villa besichtigen, zudem lohnen das Sakralmuseum am früheren Wasserhebewerk sowie die römische Brückenruine am Fluss und der Uhrenturm.

75__Der Wasserfall der Wölfe

Wo Meerneunaugen laichen

Der Naturpark Vale do Guadiana dehnt sich hinter Mértola gen Norden aus. Nach Beja gelangt man über die westliche Route IC27 am Naturpark vorbei, nach Serpa über die östliche N265. Der »Pulo do Lobo« ist von der Abzweigung von der IC27 mit dem Auto erreichbar. Eine schmale Landstraße führt mitten durch die Wildnis bis dorthin.

Vorsicht bitte, Rebhühner kreuzen den Weg. Hügel, wie grüne Wattebausche in die Landschaft geworfen, säumen die Strecke. Auf den weitläufigen Wildgraswiesen weiden Angusrinder. Schilder weisen den Weg bis zum 30 Kilometer von der Bundesstraße entfernten Wasserfall. Hinter einer Anhöhe taucht unten im Tal endlich der Fluss wieder auf. Ein Viehgatter versperrt plötzlich die Weiterfahrt. »Bitte schließen« steht auf einem Schild daneben, denn auf dem Privatgelände des Gutshofes laufen Rinder frei. Jetzt geht es abwärts eine Schotterpiste hinab. Das Auto bleibt am besten weiter oben am Parkplatz stehen, und es geht zu Fuß weiter.

Gerade im Winter hört man den Wasserfall schon von Weitem an der Stelle in die Tiefe stürzen, wo der Guadiana sich durch eine enge Schlucht drängt. Hinter dem Fall gurgelt er weiter durch eine verwunschene Zaubersteinlandschaft gen Süden, als sei er bloß ein Bächlein und kein über 800 Kilometer langer Strom. Mitten im Wasserfallgetöse laichen im Februar Meerneunaugen. Sie »docken« an den Felsen an und lassen ihre Larven ihr Blut aussaugen, bis sie sterben. Die Larven schwimmen ins Meer und kehren vier Jahre später zum Laichen hierher zurück.

Ein Holzsteg führt über bizarr aufgeworfene Kalksteinfelsen bis zu einer Aussichtsplattform, die an der engsten Stelle über den »Pulo de Lobo« hinausragt, wo die schroffen Kanten so eng zusammenrücken, dass ein Wolf hinüberspringen könnte. Dieser Stelle verdankt der magische Ort, der zu den sieben Naturwundern Portugals gehört, seinen Namen »Wolfssprung«.

Adresse Portão da Entrada da Herdade Pulo do Lobo, Amêndoeira da Serra, Parque Natural do Vale do Guadiana, Mértola, 37°48'38.8"N 7°38'39.6"W (Station auf dem PR 9 von Mértola durch den Rio-Guadiana-Naturpark, wer dorthin wandern will) | Anfahrt IC27 von Mértola Richtung Beja, am Hinweisschild »Pulo do Lobo« rechts abbiegen und der Strecke 30 Kilometer durch die Walachei folgen bis zum Viehgatter und Parkplatz | Tipp Fahren Sie einige Kilometer weiter auf der IC27 Richtung Beja bis zum Weiler Vale Açor de Baixo. Im Café »O Cravinho« gibt es Porco-Preto-Spezialitäten vom Erzeuger und den allerbesten luftgetrockneten Schinken vom schwarzen Schwein. Auf dem Weingut »Herdade dos Lagos« gleich hinter dem Dorf gibt es edel gekelterten Biowein.

76_Das Atelier Mizette

Die Stühlchen- und Naturwolle-Boutique

Die Auffahrt zur Burg ist kurvenreich. Einlass in die Feste aus graphitglänzendem, vom Wind verwitterten Schieferstein gewährt das Haupttor am Uhrenturm. Rechts plätschert ein Brunnen. Vom Platz vor dem Tor blickt man auf den Alqueva-Stausee zu seinen Füßen, der sich taubenblau schimmernd zwischen Getreidefelder und Weiden schmiegt. Die Landschaft ist grün im Winter, strohgelb im Sommer, bestellt mit Olivenhainen. Auf den Wildkräuterwiesen weiden Schafherden. Zweimal im Jahr werden die Tiere geschoren, ihre Wolle wird traditionell, wie von den maurischen Spinnerinnen vor 900 Jahren gelernt, in örtlichen Wollspinnereien auch heute noch gefärbt und weiterverarbeitet.

Flauschig weiche Decken mit Hirtenmuster wie jene, die einst die Schafhirten in frostig kalten Nächten während ihrer Herdenwacht gewärmt haben, gibt es bei »Mizette«, von Hand gewebt, in kuschelig bunter Auswahl. Auch Schulterschals, Pullover sowie den famosen »bioco« – ein Kapuzenponcho, der in Portugal im Mittelalter sogar verboten gewesen ist, als man unter jeder Kapuze eine Konkubine, einen Ketzer oder einen spanischen Spion vermutet hat.

Neben Mizettes Boutique im Atelier um die Ecke hängen winzige Hocker und Stühlchen an der Wand. Die Stühlchen mit geflochtener oder gezimmerter Sitzfläche zählen zur regional charakteristischen Handwerkskunst. Tischlermeister in Monsaraz haben sich auf Gebrauchsmobiliar nach dem Vorbild einstiger Bauernstuben spezialisiert. Diese Möbelgattung hebt sich nicht bloß stilistisch, sondern vor allem dekorativ durch ihre Naive Kunst von herkömmlichem Mobiliar ab.

Kräftig unifarben grundiert, besticht jedes Stück anders mit ausgesuchten Motiven, inspiriert vom Bauernleben: Blütenmuster, Weinreben, landschaftliche Stillleben, Bauernpärchen in Tracht und mehr, in kunstvoll naiver Manier aufgemalt. Ein Bummel durch beide Lädchen mit ihren hübschen Handarbeiten lohnt.

Adresse Loja da Mizette, Rua dos Celeiros 8, 7200-175 Monsaraz | Anfahrt A6 Évora, IP2 und N256 nach Reguengos de Monsaraz, N256 Richtung Mourão, am Alqueva links abbiegen, M 514 bis zum Parkplatz unter der Burg, es geht zu Fuß weiter | Öffnungszeiten täglich 10–17 Uhr | Tipp Im Restaurant »Taverna Os Templários« speist man vorzüglich lokale Spezialitäten, dazu köstlich regionale Rebensäfte bei allerbester Aussicht auf den Alqueva-Stausee. Die exklusiven Weinboutiquen Ar d'Alentejo und Ervideira am Kirchplatz und weiter vorne Richtung Uhrenturm führen preisgekrönte Weine.

77 Die Schieferburg

Der einsame Wächter am Guadiana

Zu den besten Weinanbauregionen der Welt zählt die feuchtschwüle Guadiana-Aue, eine tagsüber sengend heiße und nachts frostig kalte Gegend. Autochthone Rebsorten wie Touriga Nacional, Syrah, Trincadeira und Aragonez gedeihen hier auf dem schiefersteinhaltigen Boden prächtig.

Das Kastell Monsaraz steht auf dem einzigen Hügel weit und breit und ist von jeher ein besonders begehrtes Filetstück für Weinanbau gewesen. Von der Anhöhe hielten die Bauern Ausschau, ob Freund oder Feind anrückt. Bereits in der Steinzeit und Antike baute man in Monsaraz aus primitiv aufeinandergestapelten Schieferplatten Häuser. Doch erst die Mauren brachten ihr Wissen über Festungsbau hier ein. Sie errichteten aus Schieferstein eine Zitadelle mit fünf Wachtürmen sowie einen die gesamte Anhöhe wie eine Reling umrundenden Mauerwall mit vier Toren samt und sonders aus Schieferstein. Wie die Arche Noah sitzt das Gemäuer auf dem Gipfel, aus der Vogelperspektive erinnert der Grundriss an die Form eines Schiffs. Gen Norden wirkt der Uhrenturm wie eine Galionsfigur, gen Süden ragt die Burg auf.

In den Schutz hinter der Feste drängen sich Unterkünfte, früher für Soldaten, später für Bauern, heute für Touristen, ebenso ganz und gar aus Schieferstein erbaut. Mit Lehm sind die Wände innen glattgeputzt, für die Außenfassaden wird Kalk beigemischt. Überall ist der braun melierte Schiefer sichtbar und verleiht dem Burgdörfchen sein ganz einzigartig magisches Flair. Monsaraz wurde von Tempelrittern den Mauren entrissen. Die Templer blieben bis zur Auflösung ihres Ordens die Burgherren von Monsaraz, danach wechselten die Burggrafen, bis der Feudalismus abgeschafft wurde.

Eine eher unerwartete Außenseiterrolle spielte Monsaraz während des Bruderkrieges zwischen den Prinzen Pedro und Miguel im 19. Jahrhundert: Hier verschanzten sich die Absolutisten und planten minutiös Anschläge auf Liberalisten.

Adresse Castelo de Monsaraz, Largo do Castelo 1, 7200-175 Monsaraz | **Anfahrt** A6 Évora, IP2 und N256 nach Reguengos de Monsaraz, N256 Richtung Mourão, am Alqueva links abbiegen auf M514 bis zum Parkplatz unter der Burg, es geht zu Fuß weiter | **Öffnungszeiten** täglich 9–19 Uhr | **Tipp** Neben dem Tourismusbüro liegt das Freskenmuseum, neben der Burg ein Ausstellungshaus über die Inquisition. Neben der Tapasbar »O Gaspacho« (lecker!) am Kirchplatz liegt ein exklusives Keramikatelier. In der Santiago-Kirche mit »Galeria de Arte« bekommt man Kunst von hiesigen Künstlern zu sehen.

78_Das Töpferwerkstatt-Dorf

Die Keramikzentrale Portugals

Eine Hauptstraße, rechts und links weiß gekalkte Bauernhäuser, Fenster, Türen blau und rot eingefasst. Mit den ebenerdigen, aneinandergereihten Häusern ein typisches Alentejo-Dorf eben. Eben nicht! São Pedro de Corval ist mehr als bloß ein weiteres Dorf, es ist die Keramikzentrale Portugals. An jedem Haus hängen Tonteller und Schalen an die Fassaden montiert. Haustüren stehen weit offen. Neben jeder Tür hängt ein Keramikschild, darauf in schnörkeligen Buchstaben der Ateliername der Töpferei gemalt. Die Töpferwerkstätten sind alle seit mehreren Generationen Familienbetriebe und haben sich auf die Manufaktur von handbemalter Keramik spezialisiert.

Auf diese Weise entstand eine gewachsene, nachhaltige Töpferkultur rund um die Tonerde aus den nahe gelegenen Kuhlen. Die rote Erde wird erst abgebaut, anschließend mit Wasser gemischt und unterschiedlich weiterverarbeitet. Entweder in der Töpferwerkstatt oder in den Fabriken im Dorf, wo die Tonerde zu Lehmziegeln, Mönchziegeln oder rustikalen Bodenfliesen für Hausbau und Gartengestaltung wird.

Die Töpfermeisterinnen töpfern das Geschirr Stück für Stück, und hinterher verschönern es die Keramikkünstlerinnen mit Reliefs, maurischen Mustern, aufwendigen Landschaftsszenen oder bäuerlichen Motiven. So entstehen kleine Kunstwerke, von denen man gar nicht essen möchte, sondern sie lieber an die Wand hängen.

Jede Töpferei produziert eigene Kollektionen. Während manche traditionell präferieren, experimentieren andere beim Modellieren. Jede Werkstatt ist stolz auf ihre hauseigene Marke und ihr Design. Die Auswahl an Geschirr, Vasen und Dekoschalen ist enorm, die Konkurrenz groß. In einem Punkt sind sich Töpfer und Künstler allerdings stillschweigend einig. In den Boden jeder Keramik gehört der Name ihres Dorfes eingraviert. Als Echtheitszertifikat, von Hand gefertigt und bemalt in São Pedro de Corval.

Adresse »Olaria Tavares« und andere entlang der Rua São Pedro de Corval und Rua da Primavera, 7200-138 Reguengos de Monsaraz – São Pedro do Corval | **Anfahrt** A6 Évora, über N256 nach Reguengos de Monsaraz, N256 Richtung Mourão, am Alqueva links abbiegen auf die M514 an Monsaraz vorbei bis São Pedro de Corval fahren, irgendwo an der Hauptstraße parken und Keramikbummeln gehen | **Öffnungszeiten** Mo–Sa 9–18 Uhr | **Tipp** An dem einen Ende des Dorfes steht der Hinkelstein für Liebeswünsche »Rocha dos Namorados«, gleich daneben ein Ehrenmal für die Töpferkultur.

79 Die Olivenmühle

Der Olivenlehrpfad »Miguel Hernandéz«

Ein weiteres kostbares Erbe aus dem Morgenland sind Olivenbäume. Vermutlich gelangte der Ölbaum erstmals mit den phönizischen Seefahrern in den Alentejo, wovon etliche über 2.000 Jahre alte Bäume zeugen. Der genügsame Geselle mit den bitteren Früchten für den göttlichen Saft fühlt sich rund um Moura in der trockenen, heißen und dennoch fruchtbaren Talebene am Ufer des Guadiana wohl.

Bauernkönig Dom Dinis erkannte den Marktwert des Baumes und unterstützte Olivenbauern bei der Kultivierung, besonders in dieser Gegend, so wie er rund um Monsaraz den Weinbauern zur Rekultivierung der Weinreben verholfen hat, rund um Beja den Landwirten zum Getreideanbau und überall im Alentejo die Korkeichenwirtschaft unterstützt hat. Neuerdings werden zwar auch Amarena-Sauerkirschen für den portugiesischen Kirschlikör »Ginja« in Mouras Umgebung angepflanzt, aber die Landschaft rund um den Ort ist weiterhin flächendeckend vom sich im Wind wiegenden silbergrünen Blätterkleid der Olivenbäume geprägt.

Das flüssige grüne Gold des Mittelalters benutzte man überwiegend in Kirchen als Lampenöl für das ewige Licht, zum Einbalsamieren der Toten oder in der heimischen Küche als Bratfett. Kulinarisch hielt die Olive erst im späten 19. Jahrhundert Einzug auf den Tisch der »Senhoria«, der Herrschaft. Sorten wie Cobrançosa, Cordovil, Galega sorgen für ernährungsphysiologisch hochwertiges Olivenöl zum Kochen und für feine Säure im Salat. Die bittere Verdial und die weiche Manzanilla hingegen finden als Tischolive beim »Couvert« in jeder portugiesischen Taverne den Weg in den Mund.

Auf dem Olivenlehrpfad »Miguel Hernandéz« im gleichnamigen Park lernt man ihre Namen mit Aussehen kennen und entdeckt nebenbei die hiesige Kräutervielfalt. Wie die Olivenfrucht vom Baum bis in die Flasche kommt, erfährt man in der ehemaligen Ölmühle »Lagar« direkt gegenüber. Probieren kann man den Göttersaft in der Olivenöl-Kooperative.

Adresse Lagar de Varas do Fojo, Praça Sacadura Cabral 25, 7860-073 Moura | **Anfahrt** siehe Ort 80, bis Moura, in Moura am Pingo-Doce links, der Olivenlehrpfad befindet sich rechts, das Museum links, parken vor der Tür möglich | **Öffnungszeiten** Di–So 9.30–12.30 und 14–17.30 Uhr | **Tipp** Hinter dem Stadtpark beginnt Mouras Fußgängerzone. Auch hier erinnert das Flair mit Straßenbepflanzung, Kopfsteinpflaster und Balkonschmiedekunst an Andalusien. Die Restaurants bieten neben heimischer Küche zumeist auch Leckeres aus der Küche Andalusiens an.

80 Der Torre da Salúquia

Maghrebinisch-dörfliches Flair

Die letzte Steigung auf der Fahrt nach Moura endet scheinbar im Himmel, doch kaum ist die Kuppe überwunden, rückt die schöne, einst maurische Stadt im Südosten des Alentejo ins Blickfeld. Das Wahrzeichen Mouras ist der einstige Audienzturm. Er überragt die Burg und die Stadt und wirft seinen Schatten auf die Dächer. Im sprichwörtlichen Sinne.

Denn hier lebte einmal eine maurische Prinzessin. Sie hieß Salúquia und sollte bald heiraten. Deswegen ließ sie die ganze Stadt, die Burg und den Turm mit Blumen und Girlanden wie ein Märchenschloss schmücken und wartete voller Vorfreude auf ihren Bräutigam, wird erzählt. Die Turmwache kündigte den Bräutigam mit Gefolge an, und Salúquia gab den Befehl, das Stadttor zu öffnen. Hereingestürmt kamen aber nicht der Geliebte mit Gefolge, sondern Kreuzritter, angezogen wie Mauren. Salúquias Liebster war ihnen in die Falle geraten und tot. Vor lauter Scham und Gram sprang die Braut vom Wachturm in den Tod, der seither ihren Namen trägt. Im Stadtwappen Mouras ist die wunderschöne maurische Prinzessin außerdem bildlich verewigt. Eine Miniatur des Salúquia-Turms steht als Wahrzeichen im Stadtpark. Spannender ist es jedoch, ihn in echt zu besteigen und die Aussicht zu genießen.

Das verwunschene Kleinstädtchen südlich des Alqueva-Staudamms überrascht mit maghrebinischem Flair. Die einstige Mouraria, das maurische Viertel, dehnt sich rund um den Brunnenplatz aus. Hinter Glas ist der ehemalige arabische Brunnen ausgestellt. Häuser mit winzigen Fenstern, oftmals bloß im Giebel, und mit Türen, so niedrig, dass man sich beim Eintreten bücken muss, säumen den Platz. Ein Hauch Andalusien weht durch die Gassen, die mit aufgehängten Blumentöpfen dekoriert sind. Besonders die mächtigen runden Kaminschlote, auf die niedrigen Dächer aufgesetzt, erinnern an Minaretttürme aus 1001 Nacht und an das maurisch-iberische Kulturerbe.

Adresse Castelo de Moura, Calçada do Castelo, 7860-009 Moura | **Anfahrt** von Beja IP8 nach Serpa, bei Aldeia Nova de São Bento auf N392 nach Pias, N255 bis Moura, Beschilderung »Castelo« folgen, am Rathaus Camara Municipal am Praça Sacadura Cabral parken; die Calçada do Castelo führt in die Wehranlage mit Bergfried, Museum, Uhrenturm und Klosterkirche de São Domingos de Moura | **Öffnungszeiten** Di und Mi nachmittags, Do–So 10–12.30 und 14–18 Uhr, Juli und Aug. bis 22 Uhr | **Tipp** Gleich unter der Burganlage liegt der Stadtpark und gegenüber die Kirche São João Baptista mit ihrem prächtigen manuelinisch-ornamentierten Sandsteinbogentor. Neben der Burg am Renaissance-Stadtbrunnen gelangt man zum Schmuckmuseum »Alberto Gordillo«.

81_Das José-Régio-Haus

Die kuriose Sammlung des verbotenen Schriftstellers

Als »ausschweifend sittenwidrig« bezeichnete die Zensurbehörde den Debütroman »Blindekuh« des portugiesischen Schriftstellers José Régio über das Literatur-Salongeschehen im Lissabon der 1930er Jahre. Darin begegnet man Pedro, der fern der Metropole in einer Provinzstadt im Alentejo ein Zimmer in einer bescheidenen Pension bewohnt und dessen einzige Freiheit in nächtlichen Spaziergängen durch die historische Altstadt besteht. Dabei denkt er über das fromme Dasein als demokratisch-humanistisch eingestellter Schriftsteller und Gymnasiallehrer in Portalegre nach, im Vergleich zum Savoir-vivre seiner Kollegen in Lissabon, mit ihren ausschweifenden Abenteuern tagsüber in Kaffeehäusern und nachts im Hafenviertel in einschlägigen Bars. Régio beschäftigte sich trotz Zensur auch weiterhin literarisch mit dem epochalen Spannungsfeld zwischen der Selbstbestimmtheit des Einzelnen und den gesellschaftlichen Vorgaben seiner Zeit. Facettenreich blättert er dieses Spannungsfeld in seinem Werk auf. »Zu facettenreich«, entschied die Zensurbehörde und setzte den Schriftsteller auf die Liste der verbotenen Bücher, sodass sein Debüt und andere Romane erst posthum veröffentlicht wurden.

Régio lebte, wie seine Figur Pedro auch, tatsächlich selbst in einer Pension und erlaubte sich bloß eine einzige Manie: Sammelleidenschaft. Geradezu besessen sammelte er Merkwürdiges, je kurioser, je besser. Winzige, rudimentär geschnitzte Heiligenfiguren hatten es ihm besonders angetan. Seine Kollektion besetzte nach und nach alle Zimmer der Pension, bis er irgendwann der einzige Gast war und bald auch Besitzer des Hauses. Der Stadt Portalegre vererbte der Dichter das Gebäude samt Inhalt mit der Auflage, eine Begegnungsstätte im Andenken an ihn darin einzurichten. Besonders faszinieren die Püppchen des heiligen António, Schutzpatron der Hochzeitspaare, ausgerechnet gesammelt von einem ewigen Junggesellen.

Adresse Casa Museu José Régio, Rua do Poeta José Régio 204, 7300-204 Portalegre | **Anfahrt** IP2 und N18 nach Portalegre, Umgehung N356 Richtung, Rua 1° de Maio bis zum Friedhof fahren, der Straße folgen, links vor dem Kreisverkehr liegt die Casa José Régio | **Öffnungszeiten** Di–So 9.30–12 und 13.30–17 Uhr | **Tipp** Um die Ecke liegen die Kunsthalle für zeitgenössische Kunst, der Stadtpark »Jardim da Corredoura« und unweit entfernt das Konvent »Mosteiro de São Bernardo« für weitere Erkundungen durch die Innenstadt. Ein Besuch in den Markthallen am Vormittag, und hier speziell der Stand der »Confiserie Rosa Mari« mit Klosterküchlein der Region, lohnt immer.

82 Die Korkfabrikruine

Das Industrieerbe der glücklichen Stadt

Für ein Provinzstädtchen halten die Einwohner ihre Stadt keineswegs. Im Gegenteil. Auf der Webseite der Stadtverwaltung heißt ein Menüpunkt »Unsere Position global betrachtet« – die Reflexion einer ganzen Gemeinde auf die lokalhistorische Entwicklung als Marktplatz, Industriestandort und Tourismusziel.

Am Fuße des Bergzuges Serra de São Mamede gelegen, harrt die Stadt nahe der Grenze zwischen den iberischen Ländern und einstigen Königreichen aus wie eine »porta«, eine Tür dazwischen. Einmal eines der sieben Stadttore in den historischen Kern durchquert, ist das »alegria«, das Glück groß, angekommen oder zurückgekehrt zu sein nach »Porta-alegre«, das stets in Sonnenschein, in göttliches Licht getaucht ist.

Dem Göttlichen frönt Portalegre in Kirchen, Kapellen, Klöstern, dem Bischofssitz und der Sé-Kathedrale mit prächtiger Renaissancefassade und zwei Glockentürmen.

Die örtlich ansässige Industrie gewann Aufschwung mit der 1755 vom Marquês de Pombal gegründeten königlichen Woll- und Leinenweberei. Portalegre entwickelte sich zum landesweit größten Handelsplatz für hochwertige Stoffe. Honorige Tuchhändler eröffneten Dependancen und ließen ansehnliche Bürgerhäuser bauen. Einhundert Jahre später gründete ein englischer Fabrikant die Robinson-Korkfabrik. Robinson brachte Geld und Maschinen mit, und so entstand nicht bloß die größte Kork-weiterverarbeitende Industrieanlage des gesamten Landes, sondern darüber hinaus 2.000 Arbeitsplätze. Ein Musterbeispiel der Industrialisierung.

Die Robinson-Stiftung hält das Andenken an die Korkindustrie in der stillgelegten Fabrik aufrecht. Guy Fino etablierte die weltweit einzigartige Knüpfknoten-Teppichkunst und schuf damit ein internationales Aushängeschild für Portalegre. Keine Frage, die Provinzhauptstadt bezieht global Position und ganz besonders für erlebniserfüllten Urlaub mit Natur und Kultur.

Adresse Antiga Fábrica Robinson, Largo do Jardim, 7300-206 Portalegre | Anfahrt IP2 und N18 nach Portalegre, Umgehung N356 Richtung, Rua 1° de Maio bis zum Friedhof fahren, der Straße folgen, links am Kreisverkehr an der Casa José Régio vorbei geradeaus, dann rechts | Öffnungszeiten derzeit noch nur von außen zu besichtigen | Tipp Die Kunsthandwerker in der Boutique »Arte em Cortiça« in der Rua 19 de Junho 46 designen und produzieren Kunst und Gebrauchsartikel aus Kork.

83 Die Teppich-Galerie

Der portugiesische Wollkunsterfinder

Gemälde im Teppichmuseum? Ja, irgendwie stimmt das sogar. Denn die speziell ausgebildeten Grafikerinnen in der Fabrik arbeiten tatsächlich mit Pinsel und Farbe – bloß auf Millimeterpapier, die Kunstwerke an den Wänden haben nie einen Pinsel gesehen, sondern flinke, geschickte Finger, welche die speziell aus Australien importierte Wolle zu kostbaren Unikaten knüpfen oder, präziser ausgedrückt, knoten.

Der Gründer der Teppichmanufaktur von Portalegre, Guy Fino, wollte zunächst Teppiche nach »Beiriz«-Manier produzieren, aber die Konkurrenz aus Marokko war zu groß. Beinahe hätte Guy Fino seine Fabrik wieder schließen müssen, doch sein Geschäftspartner kehrte aus Frankreich mit einer von ihm ersonnenen Teppich-Knüpfknotentechnik zurück. Damit wurde ein völlig neuer Teppichtypus mit intensiver Farbtiefe geboren sowie die wagemutige Idee, Kunstwerke als Teppiche nachzubilden.

Aber es gab ein Problem. Wer sollte das Originalkunstwerk maßstabgetreu auf Papier für einen Teppich vorzeichnen und wer sollte den Teppich dann knüpfen? Und vor allem wie? Vier Jahre dauerte die Umstellung der Produktion auf senkrecht gestellte Webrahmen und die Umschulung der Arbeiterinnen. Bis schließlich 1947 das Kunstwerk »Diana, Göttin der Jagd« des Portalegre-Künstlers João Tavares in Wolle geknüpft an der Wand hing und Kunstkenner und Kunstszene verblüffte. Honorige Kundschaft meldete Bildwünsche an, und so entstand die weltweit einzigartige Portalegre-Teppich-Galerie mit in Wolle geknüpften Kopien bekannter Gemälde. Natürlich mit Erlaubnis der Künstler.

Mit Wollfäden aus 7.000 Farbnuancen, angepasst an das Original, knoten Teppichknüpferinnen alle zwei Millimeter eine Schlinge im »Ponto de Portalegre«-Stil und bis zu 10.000 Knoten pro zehn mal zehn Zentimeter. Jedes Motiv wird ein-, vier- oder achtmal kopiert und vom Künstler persönlich als echte Replik zertifiziert.

Adresse Museu das Tapeçarias de Portalegre, Rua da Figueira 9, 7300-231 Portalegre | Anfahrt IP2 und N18 nach Portalegre, Umgehung N356 Richtung Centro, Rua 1° de Maio, in die Rua de Elvas Richtung Centro abbiegen, am Praça de Município 18 parken; von dort durch die Rua de Sé laufen, am Ende links abbiegen, das Museum ist das Eckgebäude gegenüber | Öffnungszeiten Di–So 9.30–13 und 14.30–18 Uhr | Tipp Gleich hinter dem Museum gelangt man zu einer archäologischen Ausgrabungsstätte und durch ein Stadttor in der Stadtmauer. Zurück durch die Rua da Sé sollte man die Kathedrale besuchen und sich Zeit für einen Bummel durch die quirlige Altstadt nehmen.

84_Die Reiterstatue

Der unbesiegbare Ritter

Ziemlich in der Mitte zwischen Beja und Évora liegt die Kreisstadt Portel. Wie ein Postkartenmotiv schmiegt sich der propere Ort an den Südhang unter eine groß angelegte Burg, die man eher in einer großen Stadt vermutet als hier mitten in der Provinz. Die Straße in den Ort führt vorbei an einer einstigen Kooperative. Alle Häuser sind mit Vorgarten und lokaltypisch mit Schornsteinrechteck ausgestattet. Auf einer Wiese wippen rote Nelken aus Metall. Drumherum flattern Spruchbänder mit den Begriffen »Brüderlichkeit, Gleichheit, Freiheit, Frieden«. Je weiter bergauf man kommt, je schmäler wird die Straße. Die Fahrt endet vor dem Rathaus von Portel am Haupteingang in die imposante Festung und vor gleich zwei Kirchen. Durch ein meisterhaft geschmiedetes Tor schreitet man über Kieselkopfstein mit Schnurrbartmuster unter Blauregenranken zum Eingang des Rathauses.

Am meisten beeindruckt aber nicht die Burg und auch nicht das Rathaus, sondern das Reiterstandbild auf dem Platz davor. Es ist, als könne man den Ruf des Reiters hören, der mit entschlossenem Gesichtsausdruck das Schwert gen Himmel hebt. Sein Ross ist ritterlich mit Lederschutz an Flanken und Brust ausgestattet. Es ist niemand Geringerer als der von König Dom Joao I. zum »Santo Condestável« geadelte Dom Nuno Álvares Pereira, den die Künstler-Brüder Francisco und António Charneca da auf das Prachtpferd gesetzt haben. Die Stadtväter haben das Denkmal zum Dank dafür errichtet, dass Pereira in der Schlacht von Atoleiros siegreich war und so mit dafür gesorgt hat, dass die Grafschaft Portel wieder unter portugiesische Hoheit gestellt wurde. 2009 wurde das Werk feierlich eingeweiht.

Nun ist klar, warum das Pferd nicht Richtung Stadt aufgestellt ist, sondern umgekehrt, sodass sein Hinterteil gen Osten nach Spanien deutet und sein Reiter den Blick stolz nach Nordwesten gen Lissabon hebt.

Adresse Reiterstandbild vor dem Rathaus, Praça Dom Nuno Álvares Pereira, 7220-405 Portel | Anfahrt A6 Évora, IP2 Richtung Beja, Ausfahrt nach Portel, am Kreisverkehr Richtung »Bombeiros« (Feuerwehr), Centro, Beschilderung »Castelo« folgen, am Rathaus parken | Tipp Über den komplett neu mit Kopfstein gepflasterten Weg gelangt man in die Burg, um die Burg herum und auf einem Spaziergang am ehemaligen Festungswall entlang zurück in das einstige Burgdorf Portel.

85_Das Miniaturdorf

Zusammen sind wir stark

Wer nicht nach São Bartolomeu do Outeiro will, fährt auf der Nationalstraße N384 an dem winzigen, bäuerlich geprägten Weiler im Landkreis Portel schnell vorbei – was schade wäre, denn mitten im Ort verbirgt sich ein zweites Örtchen. Das Dorf der Kleinen, auf Portugiesisch »Aldeia dos Pequeninos«.

Es entstand 1980 auf Geheiß des damaligen Bürgermeisters Abílio Viega, Spitzname o Sassá. Eingebettet in einen eigens eingezäunten Garten »wachsen« Korkeichen und Olivenbäume, auf Steine gemalt. In felsigen Mulden funkelt Wasser. Lokaltypisch aus Tonerde modelliert oder aus Steinen zusammengesetzt, weiß, blau und rot glasiert, stehen alentejanische Keramik-Bauernhäuschen im Moosbett. Würfelgroße Granitsteine, zum Mosaik zusammengesetzt, Miniatur-Zitadellen und -Wehrtürme. Kopfstein aus winzigen Steinchen markiert Wege und Straßen. Kirchen fehlen genauso wenig wie Windmühlen und Rathäuser. Wer den Alentejo just bereist hat, erkennt einige der Gebäude sogar wieder. Als da wären der Wachtturm von Montemor-o-Novo, der Palastturm von Estremoz, das Aquädukt von Évora. Auch die roten Nelken gehören zur Wahrung der Kulturidentität im Alentejo dazu.

Auf einen Stein sind ineinander verschlungene Hände gemalt, die sich symbolisch für die Intention des Projekts vereinen, Lokalidentität in nachbarschaftlicher Gemeinschaft zu erschaffen und zu bewahren. Das Dorf für die Kleinen ist ein wichtiges Projekt, über 40 Jahre alt und war damals ein Grundstein für die Förderung regionaler Erzeugergemeinschaften sowie für den gemeinsamen Einsatz für den Erhalt von Kunsthandwerk und Handwerk. Vielleicht ahnte o Sassá, was passieren könne, sollte die Bevölkerung auf den schnelllebigen Zug des Kapitalismus aufspringen, familiäre Bande brechen und ihre Heimatregion verlassen. Damit eben das nicht passiert, erinnert das Dorf im Dorf an den Spirit im Alentejo: Gemeinsam sind wir stark.

Adresse Aldeia dos Pequeninos, Travessa do Borralho 2, 7220-530 São Bartolomeu do Outeiro | Anfahrt A6, Évora, N254 nach Viana do Alentejo, CM1118 nach São Bartolomeu do Outeiro, neben der Poststation CTT | Tipp In Santana an der N531 gelegen, findet man Hofläden mit Ziegen- und Schafskäse aus Rohmilch; gereifte sowie eine Auswahl eingelegter Sorten.

86 Das Naturkundezentrum

Die Mischung macht's

Nördlich von Portel biegt man am Hinweisschild »São Pedro« ab und folgt der Straße bis zum Gipfel. Von hier schaut man an der Wallfahrtskirche São Pedro nach Süden bis Beja. Hügel wölben sich in die Weite der Landschaft, bestellt mit Korkeichen, Steineichen, Kermeseichen.

Man nennt diese Hügel »Montado«, wörtlich übersetzt heißt das »aufgesessen«. Wie auf ein Pferd. Die Bepflanzung ist keineswegs zufällig gewählt, sondern sehr fein auf die landwirtschaftliche Erwerbsnutzung abgestimmt. Rinderbarone lassen Kühe und Kälber freilaufend weiden und sorgen dafür, dass ihre Rinderherde das gesamte Jahr über von der Wildkräutervielfalt zu fressen bekommt. Hirten folgen mit ihren Schafherden dem natürlichen Ablauf der Jahreszeiten und wandern sozusagen dem wachsenden Gras hinterher. Korkbauern nutzen den Boden zwischen ihren Bäumen zusätzlich für Getreideanbau, denn den Korkschwamm können sie nie an allen Korkeichen gleichzeitig ernten, sondern an jedem Baum bloß alle zehn Jahre einmal.

Der »Montado« wird bestellt. Die Mischung macht's, sagen die Bauern. Alles dient einem bestimmten Zweck, wissen Landwirt und Viehbaron. Die alten Bauernfüchse hegen ihr Wissen wie eine wertvolle Reliquie, Agraringenieure, witzeln sie, müssten das Zusammenspiel zwischen Universum und Erde erst jahrelang studieren und dann in der Praxis ein zweites Mal.

Auch das Iberische Schwarzfußschwein lebt hier artgerecht freilaufend. Das ist sogar Gesetz. Außer Kraftfutter fressen die grunzenden Gesellen zwei Winter lang Eicheln der Kermeseiche. Sonst darf das Fleisch nicht als »Porco Preto« angepriesen werden. Derart gesund ernährt, schmeckt der Schinken delikat mürbe, und der Speck besitzt die ernährungsphysiologisch hochwertigen Fettsäuren. Im Naturkundehaus »Pavilhão Temático – A BOLOTA« in Portel-Zentrum erfährt man mehr über das nachhaltige Gleichgewicht von Pflanzen und Tieren auf dem »Montado«.

Adresse Pavilhão Temático – A BOLOTA, Rua 1° de Maio 32, 7220-426 Portel | Anfahrt IP2 zwischen Beja und Évora, Ausfahrt Portel, 1. Abzweigung rechts, gleich wieder rechts, an der Unterführung links, der Landstraße aufwärts bis zum Gipfel circa 6 Kilometer folgen | Öffnungszeiten A BOLOTA: Di–Sa 10–12 und 14–17 Uhr, Tel. 00351/266611298 | Tipp Die Kapelle São Pedro (Monte de Trigo, 38°19'56.7" N 7° 42'58.7" W) ist Start und Ziel diverser Rundwanderstrecken durch den Bergzug Portel. Broschüren und Wanderkarten bekommt man im Tourismusbüro in Portel am Rathausplatz in der Kapelle, die übrigens an sich schon einen Besuch wert ist.

87__Der Sternenpark

Die erste UNESCO-Starlight-Tourismus-Destination

Nicht bloß in der Sternwarte von Cumeada kommen Astrotouristen auf ihre Kosten. Selbst bei einem privaten nächtlichen Spaziergang oder bei einem Glas Wein auf der Terrasse im Landhotel funkelt das Sternenzelt über dem Alqueva-Stausee zum Anfassen nahe. In rund 286 sternenklaren Nächten öffnet sich hier mitten im Alentejo das Firmament zu einem glitzernden Sternenteppich. Wegen der in Europa einmaligen sichtbaren Himmelskörperdichte an diesem Standort wurde die Gegend rund um den Stausee auf einer Fläche von insgesamt 3.000 Quadratkilometern zum Dark-Sky-Schutzgebiet erklärt. Zur Dunkel-Himmelszone.

Großstädte liegen weit genug entfernt, sodass ihr künstlich gestreutes Straßenlicht die vollkommene Dunkelheit rund um den Alqueva gar nicht erreicht, gar durchbrechen oder aufhellen kann. Selbst in den umliegenden Kleinstädten und Dörfern beleuchten, dank einer einheitlichen gesetzlichen Auflage, Lampen und Laternen die Straßen und Gehsteige bloß minimal, um eine Lichtverschmutzung im Sternenpark des Alentejo so weit als möglich auszuschließen. Dem Kastell von Monsaraz verleiht die reduzierte Lichtfülle nachts einen ganz eigenen optischen Anstrich in Sepia. Alle Ortschaften erst einmal hinter sich gelassen, erfährt man am Ufer des Alqueva-Stausees völlige Dunkelheit am Boden und den nächtlichen Himmel gänzlich anders als in dicht besiedelten Wohngebieten, wo zusätzlich noch immenser Verkehr herrscht und die Luftverschmutzung die Atmosphäre derart vernebelt, dass die freie Sicht in den nächtlichen Himmel unmöglich wird.

Umso überwältigender ist die himmlische Aussicht hier in der weltweit ersten UNESCO »Starlight Tourism Destination«. Selbst ohne Teleskop öffnet sich die Milchstraße mit bloßem Blick betrachtet wie ein Sternenschauer, wie viel mehr mag man dann erst durch ein Hochleistungsfernrohr im Observatorium »Dark Sky Alqueva« in Cumeada erkennen?

Adresse Observatório Oficial Dark Sky Alqueva, Rua da Nossa Sra. da Conceição 44, 7200-071 Reguengos de Monsaraz / Cumeada | Anfahrt A6 Évora, N256 nach Reguengos de Monsaraz, N255 nach Cumeada, 1. Kreisverkehr 2. Ausfahrt nehmen, Rua Nova, 3. rechts Rua da Nossa Sra. da Conceição bis Dark Sky Alqueva Observationszentrum | Tipp Buchen Sie Ihr Starlight-Erlebnis mit Wein-Blindtasting und Nachtwanderung auf der Fährte nachtaktiver Tiere. www.darkskyalqueva.com, Tel. 00351/913103540

88 Das Haus der Harmonie

Kunst machen und erleben

Santiago, oben in den Bergen erbaut, schaut Sines am Meer seit 500 Jahren aufs Dach, spöttelt der Volksmund, seit die beiden Grafschaften voneinander getrennt wurden und Santiago do Cacém von den satten Einkünften durch Hafenzölle der Handelsschiffsflotte aus Afrika, Brasilien und Indien ausgeschlossen wurde. Der Wind drehte erst, nachdem Portugal während des Intermezzos der Iberischen Doppelunion unter Spaniens Machtbefugnis fiel, die Einfuhrzölle aus dem Hafen von Sines spanische Kassen füllten und die Hafenstadt verarmte. Spitzfindige Kinderlieder wie »Pfeffer, Zucker, Zimt reichen nicht, um reich zu bleiben« werden sogar heute noch gesungen und erinnern an das traurige Ereignis.

Santiago hat leicht singen – dank endogener Ressourcen aus der Korkwirtschaft, Erwerbslandwirtschaft sowie dem Untertageabbau von Braunkohle erfreut sich der Landkreis durchgehend konstanten Wohlstandes. Wegen der verkehrsgünstigen Lage in unmittelbarer Nähe zum Meer und dem Hafen in Sines und via Odemira zur Algarve ließen sich in Santiago do Cacém im Laufe der Jahrhunderte einflussreiche Kaufleute und Minenbetreiber nieder und bauten eine Reihe emblematischer Gebäude. Dazu gehören der Gemeindesaal, genannt »Sociedade Harmonia« oder zu Deutsch »Haus der Harmonie«, die Feuerwehr, das frühere Krankenhaus sowie der Palácio der Grafenfamilie d'Avilez.

Graf Jorge d'Avilez führte 1895 das allererste Kraftfahrzeug nach Portugal ein und sorgte zugleich auf der Jungfernfahrt für den allerersten polizeilich dokumentierten Verkehrsunfall – mit einem Eselskarren. In dem Palast der Familie regierte nach dem Sturz der Monarchie und Ausrufung zur Republik nicht mehr der Herr Graf über Santiago, sondern Ratsherren, die später in das moderne Rathaus am Stadtpark umzogen. Lediglich der alte Pranger erinnert noch an die einstige Grafschaft. In der »Sociedade Harmonia« trifft sich die Gemeinde immer noch.

Adresse Sociedade Harmonia, Rua Cipriano de Oliveira 7, 7540-148 Santiago do Cacém | Anfahrt A26 Santiago do Cacém, N261 Santiago, Beschilderung »Centro Histórico« folgen, an der »CTT«-Post / Centro Clínico am Doppelkreisverkehr der N261 parken und zu Fuß in die Altstadt laufen | Öffnungszeiten der Gemeindesaal »Sociedade Harmonia« ist zu Veranstaltungen und Kinovorstellungen geöffnet, die auf Plakaten und der gleichnamigen Facebook-Seite angekündigt werden | Tipp Der Park »Tapada d'Avilez« unter der Burg mit Kapelle bietet Schatten und gute Aussicht. Die Tapasbar »Pátio da Fundação« im Innenhof eines mittelalterlichen Hauses gleich neben dem Park serviert alentejanische Leckerbissen.

89 Das Santiago-Relief

Die Kirche des Schwertordens

Als der herrschende Maurenfürst Kassen seine Tochter an sein Sterbebett rief und sie fragte, was sie sich als Erbe wünsche, brauchte sie nicht lange zu überlegen und verlangte exakt so viel Erde vom Herrschaftsgebiet ihres Vaters, wie in die Haut eines ausgeweideten Stieres passte. Ihr Vater willigte ein und staunte nicht schlecht, als die Prinzessin die lederne Haut in feine Streifen riss und zu einem langen Band zusammengeknotet um die höchste Bergkuppe von Kassen legte. Kaum war die Prinzessin fertig, starb ihr Vater, und dichter Nebel senkte sich über den Hügel herab, so dicht, dass niemand mehr bis zur Hügelspitze hinaufschauen konnte. Am frühen Morgen des vierten Tages löste sich der Nebel auf und gab den Blick frei auf ein Kastell mit vier Wehrtürmen und über zwölf Meter hohen Mauern.

Diese Feste einzunehmen, schafften erst nach etlichen Anläufen Kreuzritter an der Seite von König Dom Afonso Henriques, doch bald darauf holten sich die Mauren ihre Burg wieder zurück. Erst den Rittern des Schwertordens Calatrava gelang es, den ersten und den zweiten Burgwall zu erstürmen und die Zitadelle dauerhaft zu erobern. Als Zeichen des Dankes übertrug man ihnen die Liegenschaft Kassen. In Gedenken an Jakob den »Maurentöter«, der 888 sein Schwert hob und zum Kampf gegen den Islam auf der Iberischen Halbinsel aufgerufen hat, bekam die Burg den Beinamen Heiliger Jakob, auf Portugiesisch »San Tiago«.

Die Calatrava-Ritter richteten sich in der Burg ein und ließen in der Feste eine Kirche errichten. Im Foyer hängt links ein Sandsteinrelief des »Maurentöters« Santiago. Es stellt ihn auf einem Pferd dar, die Augen weit aufgerissen schwingt er die Schwertklinge im Kampf gegen maurische Invasoren. Im Tympanon am Tor sieht man neben Jakobsmuscheln und königlichen Insignien gut erkennbar das Schwertsymbol des Calatrava-Ordens in den Sandstein graviert.

Adresse Igreja Matriz de Santiago do Cacém, Rua do Castelo, 7540-194 Santiago do Cacém | **Anfahrt** A26 Santiago do Cacém, N261 Santiago, Beschilderung »Centro Histórico« folgen und den Wegweisern »Castelo«, so gelangt man auf die Ringstraße am Kastell, kann dort parken und den Rest zu Fuß erklimmen, Kirche und Burg stehen Wand an Wand | **Öffnungszeiten** Di–Sa 9–17 Uhr | **Tipp** Zwischen dem äußeren und inneren Wall kann man einmal die gesamte Burg umrunden, außen herum führt eine Straße. Im Burghof liegt der Städtische Friedhof, eine gute Gelegenheit zur Begegnung mit Portugals Totenhäusern.

90_Der Salzsüßwassersee

Tödliche Springflut am stillen See

Die Stranddünen entlang der Costa de Santo André erstrecken sich zwischen Melides im Norden und Sines im Süden. Sand, so weit das Auge reicht, unterbrochen von schroffen Klippen, an deren Kanten sich endemische Wildkräuter, Heidegewächse, Zistrosen und Mittagsblumen in strahlend Gelb und Pink klammern. Die Gegend hinter den Dünen ist kaum besiedelt und mit Hartlaubsträuchern, genannt Macchie, überwuchert. Das Vogelbrutparadies rund um den See »Lagoa de Santo André« ist zum Schutzgebiet erklärt.

Getrennt ist der See vom Meer durch einen mehrere hundert Meter breiten Sandstrandstreifen, der den Fischern als Liegeplatz für ihre Boote dient. Windsurfer warten hier auf die richtige Welle und den besten Wind.

Im März wird die Düne alljährlich wieder aufgebaggert, dann feiern See und Meer eine süß-salzige Hochzeit. Der Wasserpegel des Sees wird abgesenkt, um zu verhindern, dass das Wasser über die Düne läuft oder der Wall bricht.

Denn was dann passieren kann, weiß die Fischergemeinschaft ganz genau. Als sei es gestern erst gewesen, erinnern die Menschen sich an den 9. Januar 1963. Kalter Nordwestwind peitschte das Meer auf, Nebel legte sich nass auf Ölzeug und Wangen. Mit vereinten Kräften zogen die Fischer das vollgefischte Schleppnetz gerade auf den Strand hinauf, als es geschah.

Springflut. Der Wall brach. Eine Welle türmte sich meterhoch auf, sog die beiden Kutter, die das Netz spannten, ein, riss an allen Leinen, erfasste die vor Schreck erstarrten Männer am Strand und wirbelte Netze, Boote und Körper durcheinander, hinaus auf See. Erst nachdem sich die Welle beruhigt hat und der Gischtschaumteppich versickert war, wurde die ganze Tragödie sichtbar. 17 Fischer hatte die Welle verschluckt, die Überlebenden plagen seither Alpträume. Ein Gedenkstein mit den Namen der Toten steht an der Unglücksstelle und mahnt vor den Heimtücken des Meeres.

Adresse Reserva Natura das Lagoas de Santo André, Praia da Costa de Santo André, Estrada Municipal EM 544, 7500-024 Santiago do Cacém, Gemeinde Costa de Santo André | **Anfahrt** A26 Richtung Santiago do Cacém, auf N261, in Cascalheira Grande links abbiegen auf M544 bis zum Strand, das Denkmal steht links an der Lagune | **Tipp** Der Safaripark »Badoca« liegt an der Strecke von Sines und Santiago zum See direkt an der N261.

91 Die römische Stadt

Der Venustempel und die Quadriga

Als habe jemand die Landschaft ausgetauscht, öffnet sich vor den Stadttoren Santiagos eine Talschneise, immergrün mit Zypressen und Zedern schraffiert, wie ein toskanisches Stillleben. Eine echte römische Brücke wölbt sich in perfekter Halbvolte von Ufer zu Ufer über einen Bach, eingebettet in eine weitläufige, parkähnlich angelegte archäologische Stätte. Beschilderte Wege führen durch die Anlage, vorbei an bald 2.000 Jahre alten Grundmauern eines einst keltischen, später römischen Marktplatzes mit Tavernen, Weinkeller und Wohnhäusern.

Am Eingang zur altrömischen Stätte informiert das Interpretationszentrum der portugiesischen Zentralbehörde für Kulturerhalt über praktisch jeden einzelnen Mauerstein in der archäologischen Anlage. Mit Audioguide oder Faltplan und allen wichtigen Stationen markiert, geht es los.

Um die bereits vorhandene keltische Siedlung wuchs der römische Landsitz Miróbriga mit Villa, Forum und Therme empor, und, einzigartig auf der Iberischen Halbinsel, mit einem Hippodrom. Das allein zeigt die Bedeutung des Munizipiums in der außerrömischen Provinz Lusitania unweit von Olissippo, dem heutigen Lissabon, dessen Bürger während des Römischen Imperiums zu Ehrenbürgern Roms erklärt wurden.

Miróbriga war wirtschaftlich besonders attraktiv: Bergbau, Korkwälder, Meersalzgewinnung und Holz satt für den Schiffbau machten hier ansässige römische Händler reich. Geziemend für den damals gültigen Kaiserkult entstand am Forum vor dem Palast ein der Göttin Venus geweihter Tempel, um der Macht des Statthalters von Olissippo gebührend Ausdruck zu verleihen. Venus' Antagonist Mars wachte indessen über die Pferderennbahn, auf der sich waghalsige Wagenlenker mit ihrem Vierergespann vor Hundertschaften Publikum spannende Rennen geliefert haben. Danach gingen Römerinnen und Römer getrennt zum Entspannen ins Thermalbad.

Adresse Ruinas de Miróbriga, Herdade dos Chãos Salgados, 7540-236 Santiago do Cacém | **Anfahrt** A26 Santiago do Cacém, N261 Santiago, N120 Beschilderung »Ruinas de Miróbriga« am Ortsausgang rechts folgen | **Öffnungszeiten** 9–12.30 und 14–17.30 Uhr | **Tipp** An der Zufahrtstraße liegt gleich links die Windmühle »Moinho da Quintinha«. Von dort genießt man die Aussicht nach Sines und auf das Meer und kann die Mühle in Aktion erleben.

92 Die prähistorische Grotte

Evolutionsfossilien der Menschheitsgeschichte

Der Alentejo ist ein immer fruchtbarer Garten, der den Menschen Brot, Holz und Wasser schenkt. Dünn besiedelt, großflächig landwirtschaftlich genutzt, legen Bauern und Viehzüchter großen Wert auf Nachhaltigkeit. Sie beuten ihre Erde nicht aus, sie nutzen sie. »Damit das Gleichgewicht zwischen Himmel, Erde und Mensch erhalten bleibt«, sagen sie, und meinen es todernst. Religiösen Ursprungs ist diese Einstellung keineswegs, sie ist viel älter als alle Religionen zusammen.

Lange bevor der Homo sapiens sesshaft wurde, zogen Familienverbände mit ihren Tieren zu neuen Jagdgründen, flohen vor Kälte in wärmere Gefilde, ernährten sich von dem, was sie fanden. Der Alentejo ist eine dieser Stationen der Transhumanz. Archäologische Spuren wie die große Anzahl Hinkelsteine oder rudimentäre Dorfstrukturen erzählen von der viele tausend Jahre andauernden Wanderschaft des Menschen auf dem Pfad seiner eigenen Entwicklung. Jede Spur ein Evolutionsfossil, das Zeugnis des Fortschritts Richtung Gegenwart ablegt. Vom Nomadentum blieben kaum Zeugnisse, abgesehen vom Hirtendasein im Alentejo, rege ausgeübt auf uralten Strecken. Dennoch dokumentieren diverse Höhlengalerien in Foz Côa im Norden, in Arronches im Osten und in Santiago de Escoural im Zentral-Alentejo die wiederkehrende temporäre Anwesenheit unserer Vorfahren auf Wanderschaft.

Die Bilder in der Grotte Escoural, ähnlich denen in La Mouthe in Frankreich oder La Pileta in Spanien, wurden erst 1963 entdeckt. Die Kalksteintunnel öffnen sich zu einer unterirdischen Galerie. Die Gravuren im Gestein reichen zurück bis etwa 25.000 Jahre vor Christus. Diverse Knochenfunde deuten darauf hin, dass die Grotte altsteinzeitlichen Nomaden als Unterschlupf gedient hat, erst später während der Kupfersteinzeit wurde sie zum Heiligtum mit Totenstadt, wovon Grabstätten in steinernen »Tholos«, Rundbauten in der Umgebung, zeugen.

Adresse Gruta de Santiago do Escoural, Estrada Nacional 370 Richtung Évora, Santiago do Escoural | Anfahrt A6 Montemor-o-Novo, auf N2 nach Santiago do Escoural, am Ortsende links auf M370 abbiegen, bis Wegweiser »Gruta do Escoural« rechts auf den Parkplatz am Eingang zum Gelände führt; das »Centro Interpretativo da Gruta do Escoural« liegt an der N2 im Ort | Öffnungszeiten zur Höhlenbesichtigung muss man sich am Tag zuvor (oder früher) im prähistorischen Museumshaus »Centro Interpretativo da Gruta do Escoural« anmelden, grutasdoescoural@cultura-alentejo.pt, Tel. 00351/266857000 | Tipp Auf der Strecke zurück nach Santiago do Escoural führt an der Abzweigung links eine schmale Landstraße CM1079 zu diversen Dörfern mit Einsiedelei-Kirchen und zur »São Brissos«-Kapelle, die in einen Granitfelsen hineingebaut wurde (nach circa 6 Kilometern Fahrt rechts).

93_Die Casa do Cante

Das Zentrum der Weltkulturerbe-Hirtenchöre

Portugal singt sich seine Sorgen von der Seele. Das kommt im Schicksalsgesang »Fado« tiefschürfend zum Ausdruck, in liturgischen Liedern bei jeder Messe in jeder Kirche und im Alentejo bei der Zusammenkunft der Hirten, Bauern und ihrer Frauen.

Sobald sich die Nacht über das Land ohne Schatten herabsenkt, das Tagwerk vollbracht ist, die Tiere gefüttert sind und die Familie am Tisch zu Abend isst, wird es still. Je abgelegener ein Hof liegt, desto stiller wird es. Einzig der Wind pfeift durch den Kaminschlot, irgendwo ruft ein Käuzchen, das Ährenmeer wiegt sich in nächtlich auffrischender Brise. Früher spendeten Öllampen karges Licht, lesen, schreiben konnte kaum jemand, Fernseher erreichten den ländlichen Alentejo erst in den 1970er Jahren, manche Höfe blieben bis heute ohne Strom. Die Müdigkeit lässt auf sich warten, Kartenspielen hilft, Geschichten werden erzählt – und es wird gesungen. So sind die Folkloreweisen der Bauern des Alentejo entstanden. Der seit 2014 zum immateriellen UNESCO-Weltkulturerbe erhobene polyphone Männergesang der Hirten heißt »Cante Alentejano«. Längst tragen ihn auch Frauen im Chor und in Tracht vor.

Im Museumshaus »Casa do Cante« in Serpa erfährt man die Historie des Gesangs, kann CDs erwerben und sogar »Cante« (singen) lernen.

Zu Feiertagen ziehen die Hirtenchöre in dörflicher Tracht durch die Straßen und singen ihre Lieder. Ihre Fangemeinde folgt zu Fuß. Berühmt sind die »Chapéuzudos« aus der Gemeinde Vila Nova de São Bento. In schwarzer Anzugtracht, mit charakteristischem Filzhut und beide Daumen im Westentäschchen versenkt, ist der Chor bereits vor Barack Obama in Washington DC aufgetreten. Der vom Kultregisseur Sérgio Tréfaut gedrehte Dokumentarfilm »Alentejo, Alentejo« über den Gesang gewann 2014 bei den Internationalen Filmfestspielen in Cannes in der Kategorie bester Kurzfilm. Das »Cante«-Festival im November trägt zur Bekanntheit bei.

Adresse Casa do Cante, Rua dos Cavalos 14, 7830-350 Serpa | **Anfahrt** von Beja IP8, N260 Richtung Serpa, 1. Ausfahrt, am Kreisverkehr 1. Ausfahrt geradeaus Rua Manuel Dias Nunes, am Ende des Stadtparks links Rua do Forte, an der Poststation »CTT« in Rua dos Lagares, parken, durch das Stadttor in die Rua dos Cavalos laufen, die »Casa do Cante« liegt rechts | **Öffnungszeiten** Di–So 10–18 Uhr | **Tipp** Um die Ecke liegt das Uhrenmuseum »Museu de Relógio« mit einer kuriosen Privatsammlung von 2.000 Uhren. In der Kunsthandwerksboutique gegenüber findet man Schönes und Kurioses, von lokalen Künstlern produziert.

94_Der Kreuzplatz

Der dicke König und die Schlange

Die schöne Ana fürchteten alle in Serpa, denn es hieß, sie könne sich verwandeln, von der schönen Frau mit den feurigen Haaren in eine Schlange. Wer der Verführung in Schlangengestalt begegnete und sich einwickeln ließ, heißt es weiter, wurde mit einem Schatz beschenkt. König Afonso II. kannte das biblische Bild der Verheißung, den dörflichen Aberglauben jedoch nicht. Er wollte die Feste Serpa erobern. Als dem König die verheißungsvolle Ana in Schlangenhaut erschien, sah er bloß eine Schlange – und tötete sie. Dann schlief er ein, bis seine Ritter ihn fanden und weckten. Die Schlacht war siegreich geschlagen, der König hatte sie verschlafen. Die Gefallenen wurden bestattet, das steinerne Kreuz »Cruz Nova« zur Erinnerung an den Sieg und zur Gründung Serpas aufgestellt. Im Stadtwappen lebt die Schlange, die »Serpe«, die dem Ort seinen Namen schenkte, bis heute fort und gedenkt des schlafenden Königs und dem subtilen Sieg über die Verführerin in Schlangengestalt.

Unweit entfernt vom »Largo Cruz Nova«, dem Kreuzplatz, gibt es einen kleinen Park mit Olivenbäumen, die älter als 3.000 Jahre sind. Ihre Stämme öffnen sich, als wären sie die Gebärmütter für neue Ölbäume. Ihre Früchte nähren etliche Bauern und Ölmühlenbetreiber in der Umgebung, manche haben sich auf das Pressen uralter Sorten spezialisiert und erobern mit ihren Gourmetolivenölen einen Nischenmarkt. Dennoch fehlt Serpa bei allem burgstädtischen Charme eine Pforte in die Zukunft. Zwar verfügt sie über ein Kino, informationsreiche Infrastruktur für Reisende und reichlich Kulturerbe, doch der Jugend bietet die Stadt nur wenige Berufswege. Mit Investitionsmodellen für erneuerbare Energie und andere nachhaltige Projekte für Umweltschutz versucht die Gemeinde, neue Industrien im Ort anzusiedeln. Möge es gelingen, und die malerisch mittelalterlich anmutende Burgstadt nicht die Zukunft wie einst der König die Schlacht verschlafen.

Adresse Cruz Nova, Largo da Cruz Nova 93, 7830-343 Serpa | **Anfahrt** von Beja IP8, N260 Richtung Serpa, 1. Ausfahrt, am Kreisverkehr 1. Ausfahrt und dem Streckenverlauf »Circular Interna de Serpa« um die Stadt herum folgen, am Kreisverkehr mit maurischer Sonnenuhr links abbiegen bis zum Platz »Cruz Nova« | **Tipp** Stadtauswärts Richtung Osten, vorbei an der maurischen Sonnenuhr und Zisterne links und am nächsten Kreisverkehr mit Hirtenchor-Denkmal erste Ausfahrt rechts aufwärts geht es zum Aussichtspunkt »Miradouro« (beschildert) und zur Wallfahrtskapelle »Nossa Senhora da Guadalupe« mit Picknickplatz.

95__Das Molhó Bico

Das Restaurant, das den Mund wässrig macht

Das Meer als Nachbar im Westen und Spanien im Osten, ist der Tisch im Alentejo reichlich mit regionaltypischen Köstlichkeiten beschenkt. Verfeinert werden alle Speisen mit dem göttlichen Saft der Olivenfrüchte und mit Schmalz vom schwarzen Schwein. Gemüse und Kräuter aus dem heimischen Garten akzentuieren mit reichlich Knoblauch sowie einer Prise hiervon und davon aus dem maurischen Gharb und der bäuerlich heimischen Küche jede Speise anders. Die Auswahl ist groß, alles schmeckt authentisch. Bitter-salzig eingelegte oder milde kleine braune Oliven gehören zu jedem Essensauftakt dazu, genauso wie frisches Holzofenbrot mit Kruste und Olivenöl zum Eintunken, begleitet von hausgemachtem Schmalz, deftigem Handkäse sowie butterzartem Schinken vom schwarzen Schwein. Wilder Spargel und Waldpilze zählen zu den Delikatessen in Serpa, mit Rührei sautiert, als Vorspeise goutiert. Die Hauptgerichte fächern sich auf zwischen Braten, Topfgericht und Kurzgebratenem, traditionell auf Keramikgeschirr serviert. Für Neugierige steht Brotbrei mit Gambas auf der Karte. Oder Haifisch in Koriandersud. Eine besonders lukullische Ehe gehen Filetstücke vom schwarzen Schwein mit Herzmuscheln ein.

Im Sommer sollte man unbedingt die Alentejo-«Gaspacho« kosten, im Winter Eintöpfe mit Süßmais, Kichererbsen und Bohnen. Ein kräftiger, von der Sonne geküsster Hauswein, im Tonkrug serviert, krönt das Mahl. Zum Nachtisch verbrannte Milch, Himmelsspeck oder Feigenkonfekt, mit Käffchen und Likörchen genossen, und schon ist man gestärkt für weitere Erkundungen durch Burggemäuer und verwinkelte Treppengassen.

Wem jetzt schon das Wasser im Munde zusammenläuft, der sitzt in dem mit reichlich bäuerlicher Handwerkskunst dekorierten Restaurant »Molhó Bico« genau richtig, denn hier freut sich der Gaumen, wie der Name verheißt, schon beim Lesen der Speisenkarte auf das Essen.

Adresse Restaurante Adega Molhó Bico, Rua Quente 1, 7830-369 Serpa | Anfahrt von Beja IP8, N260 Richtung Serpa, 1. Ausfahrt, am Kreisverkehr 1. Kreisverkehr geradeaus Rua Manuel Dias Nunes, am Ende des Stadtparks links Rua do Forte, an der Poststation »CTT« in Rua Dos Lagares, parken, durch das Stadttor in die Rua dos Cavalos bis zum Rathausplatz laufen, rechts daran vorbei bis zum Ende der Gasse | Öffnungszeiten Mo, Di, Do–So 12–15 und 19–22.30 Uhr | Tipp Serpa ist Olivenland und Käsekönigreich, deswegen sollten Sie unbedingt am Rathausplatz und den anliegenden Gassen ein Käsegeschäft aufsuchen. Traditionelles Kunsthandwerk bietet die Boutique im ehemaligen Pförtnerhaus oben hinter dem Treppenabsatz neben dem Uhrenturm auf dem Weg zur Burg.

96__Der Uhrenturm

Ein Zeitmesser in maurischem Gewand

Bis die Kreuzritter in die gut befestigte Burg und Siedlung vordringen konnten, lebten die hier ansässigen muslimischen Familien hauptsächlich als Bauern, Wollweber, Käsemeister, Ziegenhirten, Gerber und Landwirte direkt im Burgfried. Hinein in die auf dem Hügel platzierte Zitadelle gelangte man durch ein Tor unter dem Verteidigungswall und, wie in maurischen Enklaven üblich, durch eine Barbakane, eine dem Haupttor halbrund vorgelagerte zweite Wallmauer. Dieser Tunnel wurde vor einigen Jahren freigelegt und kann bei einem Besuch in der Burg außen über einen Steg um die Feste herum besichtigt werden oder von innen durch eine Glaswand.

Die höchsten Türme waren ein Minarett und zwei gegenüberliegende Wachtürme, der eine davon stand außerhalb der Burgfeste und war selbst zur Verteidigung geeignet. Im inneren Burggemäuer ging das Leben bis zur christlichen Rückeroberung seinen gemächlichen Gang. »Wir haben die Zeit, ihr habt die Uhr«, heißt es im Morgenland, man lebte nach den Naturgesetzen, zwischen Tag und Abend, Frühling und Winter, aber nicht in messbare Zeit gedrängt.

Das änderte sich erst mit dem Einzug der Christen, die die ehemalige gotisch geprägte Festung in Größe und Ausdehnung verdreifachten. So entstand die äußere Stadtmauer, die bis heute die Altstadt Serpas umspannt. Alle Straßen und Gassen enden am Rathausplatz, auch wenn die meisten Gassen heute verkehrsberuhigte Zonen sind, die zum gemütlichen Flanieren einladen. Damit man in und um Serpa auf den Feldern stets wusste, wie viel Uhr es ist, wurde der einstige maurische Wachturm an der mit Kieselsteinen befestigten Treppe zum Burgviertel und der Kirche Santa Maria um einige Meter aufgestockt und mit einem Uhrwerk ausgestattet.

Seit 1440 wird hier die Zeit angezeigt. Eilig hat es in Serpa trotzdem niemand, man arbeitet fleißig und hart, aber mit Weile – so, als lebe der Sinnspruch fort.

Adresse Torre do Relógio, Largo dos Santos Próculo e Hilarião 5, 7830-385 Serpa | Anfahrt von Beja IP8, N260, 1. Ausfahrt nach Serpa nehmen, am 1. Kreisverkehr geradeaus Rua Manuel Dias Nunes, am Ende des Stadtparks links Rua do Forte, an der Poststation »CTT« in Rua dos Lagares, parken, durch das Stadttor in die Rua dos Cavalos bis zum Rathausplatz laufen, links die Freitreppe hinauf zur Burg und Burgviertel am Uhrenturm vorbei | Tipp Hinter dem Uhrenturm beginnt das ehemalige, nach wie vor bewohnte Burgviertel und verströmt mittelalterliches Flair. Besonders die Burg mit maurischem Stadttor im Souterrain. Ein Gang um die Zinnen mit Aufstieg auf den Wachturm rundet den Spaziergang ab.

97 Das Centro de Artes

Kunst und Kultur in modernem Bollwerk

Die Monumente von heute sind Kulturzentren. Schließlich baut niemand mehr Ritterfestungen, dafür aber Kulturbollwerke, in denen man alles über gestern, vorgestern und morgen erfahren, lesen, lernen kann. So entstehen immer mehr Stätten mit konzentrierter Wissensvermittlung, zentrale Orte für die Wahrung und Verteidigung humanistischer Werte. Nicht umsonst hieß es bereits in der Antike über die sieben freien Künste, wer sie verinnerlichen könne, sei ein Homo liber, ein freier Mensch. Eine Allegorie auf die Freiheit der Gedanken, die sich von politischen Systemen losgelöst selbstbestimmt, individuell entfaltet.

Bis aber die Schulpflicht in Europa, in Portugal etabliert war und der freie Zugang zu Wissen ein Grundrecht, dauerte es etliche Jahrhunderte lang und erforderte mehrere soziologische sowie spirituelle Umwälzungen. Während der Gegenreformation, im Zeitalter der Aufklärung sowie besonders in den 30er Jahren des vergangenen Jahrhunderts sorgten intellektuell revolutionäre Strömungen für gänzlich neue gesellschaftliche Denkansätze, die in der Kunst und in der Literatur Ausdruck fanden.

Bis hierher legte die europäische Staatengemeinschaft einen langen, konfliktbestückten Weg zurück, um einst gültiges Stände-Gedankengut, eingebettet in autoritär klerikal-politische Führungsmodelle, aufzuknacken und humanistische Lebensanschauungen zu etablieren. Gleichzeitig muss jedoch die Erinnerung an all die blutigen Stationen auf dem Weg in die Freiheit sorgsam aufbewahrt werden.

Die ultramoderne Kulturfestung »Centro de Artes«, entworfen von den Architekten Francisco und Manuel Mateus, wacht in Sines über lokales und humanistisches Kulturgut. Hinter Marmormauern befindet sich alles unter einem Dach: Archiv, Bibliothek, Ausstellungsflächen, Auditorium. Eine interkulturelle Stätte für Begegnung. Lichtdurchflutet, schnörkellos, zweckdienlich.

Adresse Centro de Artes de Sines, Rua Cândido dos Reis, 7520-177 Sines | **Anfahrt** A26 Sines, IP8 nach Sines Centro, A 26-1 Zona Industrial, am Kreisverkehr geradeaus der Bucht und Avenida Vasco da Gama folgen bis zum Strandfahrstuhl, parken; nach dem Aufstieg an der Burg vorbei der Rua Cândido dos Reis bis zum Ende folgen | **Öffnungszeiten** Mo–Fr 10–17 Uhr | **Tipp** Starten Sie zu einem historischen Rundgang durch die Altstadt auf den Spuren Vasco da Gamas. Die Broschüre ist im Tourismusbüro im Burgkomplex auf Englisch erhältlich.

98 Die Praia de São Torpes

Der Durchlauferhitzer-Strand

Der Küstenfernwanderweg »Rota Vicentina« beginnt in Lagos an der Algarve und folgt dem Fischerpfad »Trilho dos Pescadores« bis Sines an der Südwestküste Portugals entlang. Durch das Hinterland verläuft die Route am historischen Weg vom Leuchtturm in Sagres bis Santiago de Cacém. Unterwegs thematisiert der Pfad Flora und Fauna sowie den Alltag der Fischer und Muscheltaucher. Er folgt den Handelsrouten zu den Kleinstädten und Dörfern abseits der Küste und deren Sehenswürdigkeiten.

An der Südwestküste fällt der europäische Kontinent ins Meer, die zerklüftete Klippenformation blättert die Erdgeschichte auf. Das Abermillionen Jahren alte, fossile Sedimentgestein erodiert, bricht, bildet neue Schichten. Bloß wenige Ortschaften unterbrechen das wild-romantische Bild uriger Küstenlandschaft, so wächst die endemische Flora im »Parque Natural do Sudoeste Alentejano e Costa Vicentina«, der südlich von Sines beginnt, naturgeschützt. Die kurze und deshalb auch spontan erlebbare Etappe »São Torpes« mit zehn Kilometer Länge beginnt am Containerhafen in Sichtweite der Raffinerien mit Hochfackel, an der Strandbar Kalux, und endet in Porto Côvo.

In der Bucht hinter dem Wellenbrecher breitet sich ein wie ein Schweizer Käse durchlöchertes Riff vor dem Sandstrand aus. Ein Eldorado für Krebse, Seesterne, Seeigel und andere Meeresbewohner. Am Strand »São Torpes« kann man übrigens bei Wind und Wetter baden, das Meerwasser in der Bucht ist durch das abgelassene Warmwasser aus dem zentralen Heizkraftwerk daneben stets warm, deswegen wird die Bucht augenzwinkernd Durchlauferhitzer genannt. Nach einer gemütlichen Wanderung an der Küste entlang erreicht man den malerischen Fischerort Porto Côvo. Zurück nach Sines kann man laufen, den Bus oder ein Taxi nehmen oder die Strecke halbieren und unterwegs nach einer Pause in einer Strandbar umkehren.

Adresse Kalux Beach Bar & Surf School, Praia de São Torpes, 7520-110 Sines | **Anfahrt** A26 und IP8 nach Sines, Kreisverkehr am Meer, links N120-1 ins Industriegebiet, Schildern »Termina Vasco da Gama« und weiter zum Strand »Praia de São Torpes« folgen, parken; die »Kalux Bar« liegt am Strand | **Öffnungszeiten** die Bar ist den gesamten Tag geöffnet | **Tipp** Wer keine Lust auf Wandern hat, belegt einen Surf-Schnupperkurs am Strand von São Torpes. Mehr über die Rota Vicentina auf www.rotavicentina.com/de.

99 Die Praia Vasco da Gama

Fischerhafenromantik am Strand

In Sines dreht sich alles um Vasco da Gama, Portugals legendären Indienentdecker, der 40 Jahre nach dem Tod des »Infante Henrique«, eher bekannt als Heinrich der Seefahrer, 1498 in Calicut angekommen ist. Da Gama folgte damit der Vision Heinrichs des Seefahrers, dem Initiator der portugiesischen Entdeckergeschichte, die mit dessen Traum, den Seeweg nach Indien zu erforschen, 1415 ihren glorreichen Anfang genommen hatte.

Dreimal stach der Grafensohn aus Sines in See und umrundete den afrikanischen Kontinent, brachte aus Indien Pfeffer, Safran, Muskat, Seide und Edelsteine mit zurück nach Portugal, was dem glücklichen König Dom Manuel I ungeahnte Reichtümer in die königliche Kasse spülte. Die dritte Armada kehrte ohne den bereits zu Lebzeiten verehrten Navigator Vasco da Gama zurück, von dem es hinter vorgehaltener Hand stets hieß, er habe Seekarten gar nicht lesen können, geschweige denn die Gestirne. 400 Jahre später erst fanden seine sterblichen Überreste den Weg aus Indien in die Heimat in ein Ehrengrab im »Mosteiro dos Jerónimos« in Lissabon.

Eine mehrere Meter große, beleibt skulptierte Statuette, unterhalb der Burg und Pfarrkirche am Hang über der Hafenbucht aufgestellt, gedenkt des Helden. Die Statue hält Aussicht gen Horizont, den Vasco da Gama durchbrochen hat, ob mit Hilfe anderer Kapitäne oder eigenständig, spielt keine Rolle mehr. Die Symbolik nährt den Esprit der Hafenstadt, in der zeitgenössische Lebensweise und moderne Architektur mit der Glorie der Vergangenheit verschmelzen.

Eine feste Größe ist der Fischerhafen gleich neben dem Vasco-da-Gama-Strand an der städtischen »Copa Cabana«. Davor ankern Fischer mit ihren Booten, die sich auf den Fang von Kraken und Sardinen spezialisiert haben. Beim Strandbummel kann man den Fischern beim Netzeentwirren und Fischlöschen zuschauen. Meerblaue Bilderbuchkulisse mit Möwenballett, Schiffshupkonzert und Hafenromantik inbegriffen.

Adresse Porto de Sines, Avenida de Vasco da Gama, 7520-239 Sines | Anfahrt A26 Sines, auf IP8 nach Sines Centro, A26-1 Zona Industrial, am Kreisverkehr geradeaus der Bucht und Avenida Vasco da Gama folgen bis zum Strandfahrstuhl, parken | Tipp Vom Ende der Mole hat man den besten Blick auf die Bucht und die Altstadt. Die Treppe der Mauren oder der Fahrstuhl »Elevador dos Penedos da Índia« verbinden die Oberstadt mit dem Strand und dem Hafen.

100 Die Schutzheilige der Fischer

Das religiöse Andenken an da Gama

Ohne ihre Vertraute wäre Isabel von Aragon nie vor den Traualtar getreten. Und beinahe wäre genau das passiert, als Prinzessin Betaça aus Byzanz mit ihren Zofen auf dem Weg nach Portugal mit dem Schiff an der Südwestküste des Königreiches in einen heftigen Sturm geriet. Die Prinzessin bat die Jungfrau Maria um sichere Ankunft. Nachdem das Schiff in Sines eingelaufen war, gab die Prinzessin aus Dankbarkeit direkt auf der Klippe über dem heutigen Fischerhafen eine Kapelle in Auftrag und ließ sie der Schutzheiligen der Fischergemeinde »Nossa Senhora das Salvas« weihen. Möge sie alle Schiffbrüchigen und Fischer sicher heim geleiten.

Vasco da Gama ließ die Einsiedelei sanieren, den Gebetsraum vergrößern und das Familienwappen über das Eingangsportal gravieren. »Unsere Liebe Frau der Erlösung« trägt während der alljährlichen feierlichen Prozession ein von Vasco da Gamas Mutter gestiftetes, kostbar genähtes Brokatkleid. In das mit Goldfäden durchwebte Gewand gehüllt, wird die Marienikone von ehrenwerten Sänftenträgern in der Nacht vom 14. auf den 15. August durch die Altstadt getragen und am Morgen des 15. zu ihrer Segnungsfahrt der Fischer am Bug des Schiffes an der Spitze des Fischerbootcorsos aufgestellt.

Als Opfergabe für Gnade und Gunst für das kommende Jahr beschenken tiefgläubige Fischerfamilien ihre Maria mit Gold- und Silberkettchen, Ohrringen, Ringen. Inzwischen ist eine regelrechte Schmuckkollektion entstanden, welche die Mode mehrerer Jahrhunderte dokumentiert. Das Kirchlein »Unserer Lieben Frau« bekam einen barocken Goldaltar, Rokoko-Fliesenbilder mit biblischen Mariendarstellungen sowie ein markantes Vasco-da-Gama-Porträt, unter dem Pinselstrich des berühmten Porträt-Romantikmalers Auguste Roquemont entstanden. Es ist im Stadtmuseum ausgestellt und sorgt bis heute für Spekulationen, ob es echt oder täuschend echt gefälscht sei.

Adresse Capela da Nossa Senhora das Salvas, Largo Nossa Senhora das Salvas 2, 7520-196 Sines | **Anfahrt** A26 Sines, IP8 nach Sines Centro, A26-1 Zona Industrial, am Kreisverkehr geradeaus der Bucht und Avenida Vasco da Gama folgen bis zum Strandfahrstuhl, parken; am Ende vom Strand steht die Kapelle oben auf den Klippen rechts | **Öffnungszeiten** Di–Sa 10–12.30 und 14–17 Uhr | **Tipp** Vom »Forte e Nossa Senhora das Salvas« auf den Klippen hat man eine phantastische Aussicht in beide Richtungen entlang der Küste von Sines. Danach lockt ein Bummel durch die Rua Teófilo Braga mit ihren urigen Geschäften und Lokalen mit Geschichte. Im Café »Bom Remédio« unbedingt die nach Vasco da Gama benannten »Vasquinho«-Mandeltörtchen und Sandkekse probieren.

101 Die Pfirsichinsel

Italienische Militärarchitektur am Strand

»Wenn ich einen Pfirsich auf den Klippen sitzend esse, vor mir die Welt blau ausgebreitet, bin ich zu Hause«, singt der portugiesische Popmusiker Rui Veloso über die Küste am Strand vor der Insel Pessegueiro – und spricht allen, die die Insel südlich von Porto Côvo bis Vila Nova de Milfontes kennen, mitten aus dem Herzen.

Über zwei Dutzend Strandbuchten, Sandstein, graphitfarbener Schiefer, das Lied der Brandung und der je nach Tageslicht anders changierende blaue Ozean bestimmen das Bild entlang der Küste mit Insel im Blick, am Morgen dunstverhangen, am Abend in brennend leuchtendes Sonnenrot getaucht. Am Horizont nimmt ein Containerschiff Fahrt auf. Sines und sein Industriehafen liegen gefühlte zwei Galaxien entfernt. Der Sand ist feinpudrig, das Wasser schimmert kristallklar, so klar, dass man alle Seepocken und Seeschnecken an den Riffen vor dem Strand beim Schwimmen zählen kann. Die Dünen leuchten gelb und lila, wenn Mittagsblumen ihre Blüten öffnen. Es duftet nach Milch und Honig vom Harz der Zistrosen.

Auf der Insel ragen Mauerreste einer mittelalterlichen Festung empor, die heute einzig Seevögeln zur Verteidigung ihrer Gelege dient. Das »Forte de Nossa Senhora da Queimada« diente dem Küstenabschnitt während des Restaurierungskrieges. Das Bollwerk mit Hornwerk, Revelin und Bastion steht oben auf den Klippen über dem Strand, erbaut von den italienischen Militärarchitekten Filippo Terzi und Alexandre Massay. Sie waren es auch, die Pfirsichbäume aus Italien hierher brachten, welche der Insel direkt an der Küste ihren Namen verliehen. Die Feste sollte ein künstlich angelegtes Hafenbecken zwischen der Insel und der Küste verteidigen, aber das hat längst die Brandung mit Sand überspült. Während beider Weltkriege zog die Küstenwache in die Festung ein, um die Küste zu observieren. Das Fort ist längst verlassen und die Pfirsichbäume sind gefällt.

Adresse Praia da Ilha do Pessegueiro, 7520-421 Porto Covo | Anfahrt A26 und IP8 bis Sines, Kreisverkehr am Meer, links N120-1, rechts ins Industriegebiet den Schildern »Terminal Vasco da Gama« und weiter zum Strand Praia de São Torpes der M1109 bis Porto Côvo folgen, M554 Vila Nova de Milfones, dann auf die CM 1072 abbiegen, bis zum Abzweig zur Ilha do Pesseguerio | Öffnungszeiten Das Fort ist leider nur von außen zu besichtigen, auf die Insel setzen im Sommer Boote über. | Tipp Im Restaurant »A Ilha« unbedingt den Sepien-Salat probieren. Auf der »Herdade do Pessegueiro«, gleich in der Nähe an der Zufahrtstraße zum Strand gelegen, kann man einen Ausflug hoch zu Ross buchen.

102__Das Fischerörtchen

Hafenromantik am Atlantik

Möchte man Porto Côvo beschreiben, passt Postkartenidylle. Weiß gekalkte, mit Mönchsziegeln gedeckte Häuser mit blau gefassten Fenstern und leuchtend roten Türen schmiegen sich wie Bauklötze zusammengerückt im 90-Grad-Winkel rund um den Marktplatz.

Ein Lissabonner Kaufmann verliebte sich in einst in das Fischerdörfchen und verhalf dem Weiler am Meer dank seines politischen Einflusses nach dem Erdbeben am 1. November 1755 zu seiner heutigen Struktur. Dabei orientierte er sich an der ebenfalls nach dem Erdbeben neu errichteten Baixa-Unterstadt in Lissabon. Pombalinisch heißt in Portugal der Stil, Stadtzentren, Straßen und Häuser rechtwinklig zueinander in geometrisch gleichförmiger Manier entstehen zu lassen. Diese vom Marquês de Pombal eingeführte Städteplanung markiert Portugals Schritt in die Neuzeit. So gilt das Erdbeben nicht nur als eine Naturkatastrophe, sondern rückblickend betrachtet auch als Beginn des Abschieds vom Absolutismus. Das neue Porto Côvo entstand rund um den Largo Marquês de Pombal und erlebte eine eigene Renaissance. Schmiedemeister, Sattler, Korbflechter, Kesselflicker, Tischler, Schuster, Schneider und andere Handwerksbetriebe hauchten dem kleinen Fischerörtchen kommerzielles Flair ein und sorgten für wirtschaftliche Dynamik.

Zwar liegt das von Klippen geschützte Fischerörtchen ein wenig abseits, aber Porto Côvo hat sich zu einem pittoresken Ausflugsziel gemausert. Surfer, Wanderer, Verliebte, alle Reisenden schätzen gerade eben die Abgeschiedenheit an den idyllischen Strandbuchten (eine davon als FKK-Strand ausgewiesen), aber vor allem lieben sie die wildwüchsige Natur.

Zwar beschlägt heute kein Schmied mehr Pferden ihre Hufe, doch dafür bietet eine große Anzahl Boutiquen lokales Kunsthandwerk und vieles mehr sowie Cafés und Restaurants Köstlichkeiten aus dem Meer, die die Fischer und Muscheltaucher täglich frisch angeln und sammeln und auf dem Markt feilbieten.

Adresse Jardim do Largo Marquês de Pombal, 7520-437 Porto Côvo | **Anfahrt** A26 und IP8 nach Sines, Kreisverkehr am Meer, links N120-1, rechts ins Industriegebiet den Schildern »Terminal Vasco da Gama« und weiter zum Strand Praia de São Torpes der M1109 bis Porto Côvo folgen, im Ort links Rua Isabel Arsénio bis zum Marktplatz und Busbahnhof folgen, parken, Porto Côvo zu Fuß erkunden; der Marquês de Pombal liegt direkt am Anfang | **Tipp** Porto Côvo ist ein viel besuchter Ort und gemütlich quirlig, das wird bei einem Bummel durch das morgendliche Gewusel (Di–Fr) besonders deutlich in der Markthalle »Mercado Municipal«.

103 Die Ermitage Boa Nova

Hundetöter-Schießscharten über dem Kircheneingang

Für sein Seelenheil, sagt man, habe König Dom Afonso X. der Weise von Kastilien Lyrik verfasst. So entstanden 420 Gedichte, die »Cantigas de Santa Maria«. Etliche davon erzählen von dem Wunder der Heiligen Jungfrau »Boa Nova« von Terena, die zu Beginn des Markusevangeliums erwähnt wird als zu Fleisch gewordene Verkörperung der Hoffnung auf Wiedergeburt. »Gutes Neues« bedeutet »Boa Nova«, deswegen wird die Heilige Maria für ein besseres Dasein auf der anderen Seite, im Jenseits angebetet.

Das Gotteshaus mit den Zinnen ähnelt einer Festung. Der Grundriss zeigt ein griechisches Kreuz, schmale, gotisch gefasste Fenster mit Buntglas lassen Licht ein. Die Ermitage ist ein Paradigma gotischer Architektur an der Schwelle zum Zeitalter des Lichts. Ein pazifistischer Ort, wird geflüstert, trotz der unmittelbaren Nähe zu Spanien.

Prinzessin Dona Maria von Portugal habe an dem geweihten Ort einst Halt gemacht und zur Maria Boa Nova gebetet, heißt es. Sie bat die Heilige, dass ihr Vater, der portugiesische König, an der Seite ihres Mannes, dem kastilischen König, gemeinsam in die Schlacht von Salado zöge und gegen die einfallenden Marokkaner kämpfe, dass diese Schlacht siegreich verliefe und Soldaten, Vater und Gatte lebend heimkehren.

Aus Dank für das erhörte Gebet ließ Dona Maria von Portugal die Einsiedelei bauen, heute ausgestattet mit barocken Seitenkapellen, Renaissancehochaltar und ungewöhnlichen Deckengemälden. Die apokalyptischen Reiter aus der Johannesoffenbarung galoppieren durch das Tonnengewölbe in der Apsis. Opfergaben bezeugen die Fürbitten der Gläubigen für den seligen Übertritt. Boa Nova ist außen wie innen so ganz anders als andere Kirche des Alentejo.

Und sollte jemand Zweifel an der Wiedergeburt hegen, wird ihn auf der Stelle ein durch die sogenannte Hundetöter-Schießscharte im Balkon über dem Eingang abgeschossener Pfeil das Leben kosten.

Adresse Santuário de Nossa Senhora da Boa Nova, Estrada da Boa Nova, 7250-065 Terena | **Anfahrt** A6, Ausfahrt Borba, auf N255 über Vila Viçosa und Alandroal nach Terena, in Terena der Estrada da Boa Nova bis zum Ende folgen | **Öffnungszeiten** täglich 10–12.30 und 14.30–17 Uhr | **Tipp** Das mittelalterliche Dorf mit Burgruine, Uhrenturm und Gassenlabyrinth bietet eine Ritterkulisse, das neue Terena mit Park, Kunsthandwerk und Gastronomie, Geschäftigkeit. Besonderes Augenmerk verdienen die Schornsteine.

104 Der Felsenturm

Endovélicos hohepriesterlicher Altar

Im göttlichen Reigen haben sich am »Rocha da Mina in der Serra d'Ossa« die iberische Wächterin des Wassers Aña und der wundenheilende Priestergott Endovélico vermählt und ein Kind gezeugt. Das Flüsschen Lucéfecit.

Als Dank an den Quellfluss, der die Erde tränkt, haben Keltiberer eine spirituelle Andachtsstelle geschaffen und eine wie irdische Zähne aufgeworfene Felsenformation zu ihrer Kultstätte erkoren und dem Wunderheiler geweiht. Wer die Stätte besuchen möchte, hat die Wahl zwischen einer zwei und einer vier Kilometer langen Wanderung durch den bewaldeten Gebirgszug. Am »Stein der Grube«, wie man den Altar im Volksmund nennt, huldigten Kelten und Karthager, später Römer und Muslime, seit dem 13. Jahrhundert katholische Christen dem Auferstehungskult und brachten dem göttlichen Priester heidnische Opfergaben: Archäologische Spuren belegen Früchte, Süßes, geschlachtetes Vieh.

Zu dem Altarfelsen führen in den Stein geschlagene Stufen empor. Der Ausblick nach Osten ins spanische Land zur Serra Morena ist grandios. An anderer Stelle führen Stufen abwärts bis zu einem Schacht, der symbolisch eine Pforte zur Unterwelt darstellt. Dort hinein soll die menschliche Seele nach dem Übertritt ins Jenseits fahren und durch einen Kamin im Fels zum Himmel aufsteigen.

Der Endovélico-Opferritus zählt zu den ältesten Kultriten auf der Iberischen Halbinsel, der Altarfelsen »Rocha da Mina« gilt als die spirituelle Wiege Lusitaniens für den Glauben an den Zyklus von Geburt, Tod und Wiedergeburt im heutigen Südportugal. Anhänger der spirituellen Gemeinschaft »Movimento Nova Era« pflegen das Brauchtum weiter in der in der Nähe erbauten Einsiedelei »Ermida de Nossa Senhora da Fonte Santa«. Mit symbolisch dargebotenen Opfern danken sie dem Priestergott für das geschenkte Leben. Warum allerdings Endovélicos Grabstätte kilometerweit entfernt liegt, bleibt das Geheimnis des Wunderheilers.

Adresse Rocha da Mina, an der N373 zwischen Terena und Redondo | **Anfahrt** A6 Richtung Elvas, Ausfahrt Borba, N255 über Vila Viçosa nach Alandroal, dort auf N373 Richtung Redondo, nach circa 8 Kilometern am Kilometerstein 66 rechts den Schildern »Endovélico« 4 Kilometer zu Fuß folgen oder 600 Meter weiter am Hinweis »Rocha da Mina« Schotterpiste erst mit dem Auto etwa 2 Kilometer und danach dem Pfad zu Fuß folgen | **Tipp** Wer die Serra D'Ossa weiter erkunden will, wandert auf dem Stelzenweg »Passadiços da Aldeia da Serra« genau richtig (ab Redondo auf der N381 Estremoz bis zum Dorfflecken Aldeia da Serra und dort den Schildern »Percurso Pedestre« folgen).

105 Das barocke Heiligtum

Der Briefkasten für Post an Gott

Das Baronat Viana do Alentejo gewann als offiziell eigenständige Verwaltungseinheit im Laufe der Jahrhunderte wirtschaftliches und politisches Gewicht in Portugal. Einflussreiche Familien aus Lissabon unterhielten in der prosperierenden Vila noble Landsitze und prägten die Gegend mit ihrem Vermögen, was sich in zahlreichen kunsthistorischen Spuren an Palästen, Kirchen und ehemaligen Kaufmannshäusern widerspiegelt.

Als Scherflein an die katholische Kirche ließ eine aristokratische Familie im 15. Jahrhundert in Viana do Alentejo eine Kapelle bauen, die jedoch von dem verheerenden Erdbeben an Allerheiligen 1755 bis auf die Grundmauern zerstört wurde. Dennoch diente die Ruine den Gläubigen aus der Umgebung weiterhin als Zufluchtsort für Gebete und Fürbitten. Besonders im Jahre 1758, als sich während einer anhaltenden Dürreperiode Bauern und Gutsherren aus dem gesamten Baronat und bis aus dem entfernten Moita mit Pferd und Wagen auf den Weg nach Viana do Alentejo machten, an der Kirchenruine versammelten und ihre Heilige in gemeinsamem Gebet um Regen baten. Laut Überlieferung wurden ihre Bitten erhört, denn nur wenige Tage später begann es zu regnen, die Zisternen füllten sich, Menschen und Tiere waren gerettet, die Ernte reich und das Überleben gesichert.

Seitdem brechen Bauern, Gläubige und Neugierige alle Jahre wieder im April an der Pfarrkirche in Moita bei Lissabon mit Kutschen oder hoch zu Ross zur Wallfahrt auf. Ihr Weg führt den königlichen »Caminho Real« entlang, heute eine Sandpiste, der Pilger und Pferde durch den Alentejo leitet und drei Tage später zum Heiligtum »Santuário de Nossa Senhora d'Aires«.

In der prächtigen Barockkirche, entstanden nach dem Entwurf des deutschen Hofarchitekten Johann Friedrich Ludwig, hängt ein Briefkasten für Post an Gott. In ihren Briefen baten die Gläubigen früher für die sichere Heimkehr der Soldaten, heute beten sie für Frieden auf der Welt.

Adresse Santuário da Nossa Senhora d'Aires, 7090-268 Viana do Alentejo | **Anfahrt** A6 Évora, N114 nach Évora, kurz IP2 Richtung Beja, auf N254 nach Viana do Alentejo, im Ort den Schildern zur CM1118 zum »Santuário da Nossa Senhora d'Aires« folgen | **Öffnungszeiten** Di–Sa 10–12.30 und 14.30–17 Uhr | **Tipp** Besichtigen Sie die Schlossanlage in Viana do Alentejo und den Park mit Kirche daneben.

106 Der Amphorenwein

Die antike Weinkellerei Cella Vinaria Antiqua

Lusitanien und Wein verbindet eine uralte Tradition. Prall und pflückreif werden die Weintrauben im Alentejo mitten im Sommer, oft im Morgengrauen geerntet, damit die Trauben noch Nachttau tragen und erfrischt von nächtlicher Kühle sind. Von der Sonne reichlich gesegnet, fermentieren Touriga Nacional, Aragonez, Syrah und andere schwarzlilafarbene Weintraubensorten zu voluminösen, samtig weichen »Tintos«, Rotweinen, die holzig herb nuanciert mit Moos und Waldfruchtaroma auf der Zunge tanzen, den Gaumen mit Tannin schärfen und wärmend im Magen landen. Die weißen »Brancos« überraschen durch kräftige Aromen, Antão Vaz, Arinto und Viognier überzeugen mit Vanilleduft, Zitrusfruchtnote und Nuancen von Pflaume, Apfel und Aprikose. Einige Kellereien haben sich spezialisiert auf Blanc de Noir.

Im traditionellen Weinanbauörtchen Vila de Frades haben sich ansässige Winzer zu einer ganz eigenen Konföderation zusammengeschlossen und nennen sie »Vitifrades«. Diese Winzergemeinschaft frönt der 2.000 Jahre alten römischen Keltermethode »Vinho da Talha«. Gemeint ist das Fermentieren der Trauben in meterhohen Bottichen, aus Tonerde geformt. Sie sind bauchig rund und besitzen eine Öffnung, die gerade groß genug ist, damit ein Fasswäscher hineinsteigen kann, um die leeren Fässer mit der Bürste und klarem Wasser sauberzuschrubben, bevor die Traubenlese beginnt. In diese Bottiche gefüllt wird Traubenmaische mit Stiel und Haut, die wie eine Schutzschicht auf dem gärenden Rebensaft schwimmen. Der Wein ist fertig, sobald die vergorene Maische absinkt.

In Vila de Frades macht jeder so seinen eigenen Wein daheim, in urig eingerichteten Tavernen wird der organisch Gekelterte mit »Petiscos«, Appetithäppchen, serviert. Die Kellerei »Cella Vinaria Antiqua« bietet Hausführung mit Weinprobe im Ziegelgewölbe einer geschichtsträchtigen Adega für Tontopfwein an.

In diesem Ambiente schmeckt der Wein gleich doppelt gut.

Adresse Cella Vinaria Antiqua, Rua General Humberto Delgado 17, 7960-446 Vila de Frades | Anfahrt IP 2 Beja-Évora, Ausfahrt Vidigueira, N258 nach Vila de Frades, 1. Ausfahrt, rechts Rua do Infante, am Ende links, wieder links | Öffnungszeiten Mo–Fr 9–22.30 Uhr, Anmeldungen zur Führung mit Weinprobe über E-Mail: info@honrado.pt | Tipp Besuchen Sie außerdem das Museumshaus »Centro Interpretativo do Vinho de Talha« sowie die römische Ausgrabungsstätte »Núcleo Museológico de São Cucufate« an der N258 Richtung Vila Alva. »Talha«-Wein-Tavernen gibt es reichlich in den Dörfern Vila de Frades, Vila Alva und Vidigueira, jede ein Unikum.

107 Der Flussstrand

Der Erzengel und das Wasserparadies

Die Küste südlich und nördlich von Vila Nova de Milfontes bleibt jedem, der einmal dort gewesen ist, unvergessen. Zwischen Schiefergestein und Sandsteinfelsen wachsen Dünen zu Wüsten und verwehen Strandbuchten, die zum Surfen, Wandern und Träumen einladen. Am Morgen Meeresdunst-verhangen, rollt das Meer purpurn milchig, am Mittag tintenblau, am Nachmittag irisierend türkisblau herein, am Abend vom ewig rot flammenden Sonnenuntergang in Gold getaucht.

Der Rio Mira mündet hier gemächlich in den Ozean. Karibisch blau und so kristallklar, dass man Muscheln im Sandboden zählen und Kraken und Krebse stelzen sehen kann. Begrenzt ist die Einfahrt von Rifffelsen. Große Boote, gar Schiffe müssen draußen bleiben. Nur flache Fischerboote zischen zwischen den Riffzähnen hindurch und legen am Kai der einstigen Wachfestung an. Der eigentliche Fischerhafen liegt in einer Bucht weiter nördlich.

Der Rio Mira entspringt im Landesinneren in der Serra de Caldeirão, speist den Staudamm Santa Clara mit dem anliegenden Waldsee für Schildkröten bei Sabóia, wächst unterwegs zum Fluss und strömt vorbei an der Kleinstadt Odemira bis Vila Nova de Milfontes am Meer. Je nach Gezeiten wechselt die Fließrichtung, was sich Flussfischer zunutze machen, Ruderer sind mit Kajak oder Kanu unterwegs. Gemütlicher lässt sich der Fluss an Bord kleiner Ausflugsboote erkunden, Picknick in der Wildnis am Flussufer und Badespaß inbegriffen. Kaum die Brücke über den Mira hinter sich gelassen, folgt man der Wasserstraße quer durch die »Serra do Cercal«, die sich auf einer Fläche größer als Luxemburg im Landkreis Odemira ausdehnt.

Zurück in Milfontes locken der Flussstrand »Praia de Franquia« oder der Leuchtturmstrand »Praia de Farol« oder vielleicht eine Strandbar zur Blauen Stunde bei Sonnenuntergang, während der stählerne Erzengel im Kreisverkehr über das Wasserparadies des Rio Mira und über das Wohlergehen der Erde wacht.

Adresse Estátua Arcanjo, Avenida Marginal, Sackgasse, 7645-030 Vila Nova de Milfontes | Anfahrt A2 Grândola, A26 Richtung Sines, auf N120-1 Richtung Cercal, M554 nach Porto Covo, CM1072/ N390 Vila Milfontes, Praia de Farol, Sackgasse am Kreisverkehr | Tipp Starten Sie mit dem Auto gen Süden und folgen der Küstenstraße zum Kap »Cabo Sardão« mit Leuchtturm und dem größten Storchennistplatz in Europa, mitten in den Klippen. Fahren Sie weiter nach Odemira, bummeln Sie durch die Altstadt und legen Rast ein in der »Chocolaterie Beatriz« in Sichtweite der Eisenbrücke über den Rio Mira.

108 Der Bragança-Palast

Das letzte Frühstück des Königs

Seit dem innenpolitisch aufwieglerischen Rübstiel-Aufstand in Coimbra 1903, dem außenpolitisch brisanten britischen Ultimatum und den Querelen in den einstigen Kolonien, schlängelte sich König Dom Carlos an der Kante des Staatsbankrotts, eines möglichen Krieges gegen England und dem nahenden Sturz der Monarchie entlang. Einerseits ein Mann von Welt, andererseits ein resoluter Herrscher, sah er seinen Thron wanken. Abtreten kam jedoch niemals infrage. Die Lage im Land spitzte sich zu. Nach der am 21. Januar 1908 gescheiterten Revolution in Lissabon wurden alle involvierten Republikaner verhaftet. Auf den Straßen der Kapitale blieb es in den Tagen darauf scheinbar ruhig. Aber eben nur scheinbar.

Am frühen Morgen des 1. Februar 1908 frühstückte Dom Carlos mit Familie im Bragança-Palast »Paço Ducal« in Vila Viçosa, dann brach die Familie auf nach Lissabon. Erst mit dem Zug, anschließend mit dem Fährboot erreichte die königliche Familie samt Eskorte am späten Nachmittag den Anlegesteg am Terreiro de Paço, erwartet von einer Kutsche. Kurz darauf passierte es. Republikanische Heckenschützen erschossen den König und den Kronprinzen. Nach dem Königsmord formell auf den Thron gehoben, regierte Dom Manuel II. noch zwei Jahre, bis die Monarchie Portugals am 5. Oktober 1910 gestürzt wurde. Die siegreichen Revolutionsführer riefen die Erste Republik Portugals aus.

Der Palast in Vila Viçosa mit Mobiliar sowie den persönlichen Erinnerungen und Andenken der königlichen Familie wurde verschlossen und versiegelt. Erst 30 Jahre später, da hatte Portugal seine Erste Republik bereits wieder verloren und wurde faschistisch regiert, öffnete die Stiftung »Fundação da Casa da Bragança« den Palast als Museum und verwaltet seither den königlichen Nachlass. Die stets geführte Besichtigung endet im Salon, wo der König sein letztes Frühstück eingenommen hat.

Adresse Paço Ducal de Vila Viçosa, Terreiro do Paço, 7160-255 Vila Viçosa | Anfahrt A6, Borba-Vila Viçosa, Estrada Nacional, Richtung Centro, Praça da República, Schildern bis zum »Paço Ducal« folgen, am Schloss parken | Öffnungszeiten täglich 10–13 und 14–17 Uhr, Führungen durch das königliche Schloss im Stundentakt | Tipp Schlendern Sie anschließend durch den Schlosspark mit Waffenkammer und Kutschengarage. Das Kloster »Chagas« nebenan, in dem heute eine Luxus-Pousada-Herberge untergebracht ist und früher Töchter aus aristokratischem Hause wohl behütet unterrichtet wurden, ist wegen seiner vielen Fresken und Azulejos einen Besuch wert.

109_Das Grab der Dichterin

Den Freitod zum Geburtstag geschenkt

Liebe fand sie nirgends. Nicht so, wie sie sich die Liebe vorstellte. Wie sie in ihren Versen idealisiert hypnotisierend beim Lesen Zeile für Zeile aufersteht, erst geschrieben von einem Mädchen, dann von einer jungen Frau, später von einer geschiedenen kinderlosen Frau, noch später von einer Geliebten, zum Schluss von einer Verzweifelten, Alleingelassenen, die am Leben verzweifelt – und abtritt. Ihr Geburtstag am 8. Dezember 1930 war ihr Todestag, steht in die Grabplatte auf dem Friedhof eingraviert.

Die portugiesische Dichterin Florbela Espanca verließ diese Welt mit 36. Unehelich gezeugt, wächst sie bei ihrem biologischen Vater und dessen Ehefrau auf, doch mütterlichen Schutz kennt das sensible Mädchen nicht. So schenkt sie all ihre Liebe dem jüngeren Bruder Apeles, der sie bedingungslos begleitet, als Gefährte, Freund, Seelenverwandter, ihr einzig wahrer Vertrauter, der sie kennt und liebt, wie sie ist.

Auf der Suche nach menschlicher, männlich-liebevoller Nähe, kreiert sie ihr eigenes Familienmodell, will alles perfekt gestalten, ein Kunstwerk der Liebe erschaffen. Doch sie scheitert – ihre Ehen bleiben kinderlos. Drei Ehemänner lang hält sie fest an ihrem Traum, dann lässt sie ihn los.

Mitten hinein ins Bohème-Leben in Lissabon stürzt sie sich, verkehrt in Salons und Künstlerkreisen, sucht intellektuelle Inspiration, lässt sich verführen, probiert Laster, tauscht Geliebte wie Kleider, fahndet nach Glück, findet es wieder nicht und zieht sich zurück. Ganz und gar enttäuscht von dem von Gott geschenkten Leben, betrübt und verbittert ist sie, als es passiert – ihr Bruder verunglückt tödlich.

Florbela bricht. »Wofür lohnt es sich noch zu leben«, schreibt sie in ihrem letzten lyrischen Zyklus »Maske des Schicksals« ihre Gedanken auf, bis sie alle Emotionen aus sich herausgehoben hat. Was übrig blieb von ihr? Ein Hauch Parfüm. Mehr nicht.

Adresse Grab von Florbela Espanca, Friedhof Cemitério Vila Viçosa, Rua Álvaro Gonçalves 8, 7160-245 Vila Viçosa | **Anfahrt** A6, Borba-Vila Viçosa, Estrada Nacional, Richtung Centro, Praça da República, Parken am Castelo und Hauptplatz, den Rest zur Kirche »Igreja da Conçeição« mit Friedhof zu Fuß | **Tipp** Besuchen Sie, wie es Papst Johannes Paul 1982 getan hat, die Kirche mit dem Heiligtum und den Schrein der in Vila Viçosa verehrten Schutzheiligen Portugals »Nossa Senhora da Conceição« und das Burgviertel. Neben dem Kino »Cine Teatro« im Zentrum der Kleinstadt in der Avenida Duques de Bragança steht zum Andenken an die Dichterin eine Büste aufgestellt.

110 Das Marmormuseum

Der Bodenschatz des Alentejo

Der Alentejo ist reich beschenkt mit Sandstein, Tonerde, Erzmetall und Marmor. Ein vielseitig verwendbarer Bodenschatz, der in der Lokalhistorie bis heute eine bedeutende Rolle spielt. Aus dem hiesigen Gebrauch von Sandstein und Marmor für den Hausbau entwickelte sich im Laufe der Jahrhunderte eine florierende Industrie und mit ihr eine Reihe sozioökonomischer, regional charakteristischer Merkmale. Während die Hüttenindustrie mit Untertageabbau den mittleren Alentejo im iberischen Pyritgürtel dominiert hat, brechen weiter nördlich Sprengmeister Marmorquader aus dem im Oberen Alentejo befindlichen Marmorsockel, der sich zwischen den Gemeinden Borba, Estremoz, Vila Viçosa, Sousel und Alandroal über 50 Kilometer ausbreitet.

Zusammengefügt aus weißen, rosafarbenen, graphitfarbenen und cremefarbenen Brocken, »wächst« der begehrte, samten glatte, mit Linien schraffierte Stein aus mehreren hundert Meter Tiefe empor und versorgt nicht mehr nur die Region Alentejo und Portugal, sondern mittlerweile dank moderner Bruchtechniken, Schwertransporter und Weiterverarbeitungsindustrien die gesamte Welt. Das Geschäft mit Marmor blüht, längst beliefern die Steinbrüche des Alentejo Luxus-Badezimmer und Küchenausstatter mit der begehrten Materie für Boden und Wandfliesen.

In den Städten vor Ort war Marmor lange ein einfach beschaffbarer Baustoff, und so flaniert man in Estremoz über Bürgersteige aus Marmor, sitzt in Vila Viçosa auf Marmorparkbänken, und in Borba gluckert Regenwasser in Gullis aus Marmor. In allen Schattierungen findet die Materie Verwendung in Architektur und Stadtbild.

Im Marmormuseum ist der industrielle Fortschritt dokumentiert, zudem sind diverse Marmorsorten ausgestellt. Ausgemusterte Maschinen zeigen, wie der Stein früher gebrochen wurde. Bei solch üppigem Vorkommen wundert es nicht, dass Prunkgebäude wie der »Paço Ducal« aus Marmor erbaut sind.

Adresse Museu do Mármore Raquel de Castro, Olival de Gradinha, Avenida D. Jaime, 7160-255 Vila Viçosa | Anfahrt A6, Borba-Vila Viçosa, Estrada Nacional, Richtung Centro, Praça da República, Schildern »Paço Ducal« folgen, daran vorbei, hinter dem Lidl-Supermarkt | Öffnungszeiten Di–So 9.30–13 und 14–18 Uhr | Tipp Buchen Sie direkt im Museum eine Marmorsteinbruch-Besichtigung. Im ehemaligen Bahnhofsgebäude, keine fünf Gehminuten entfernt, ist das Ethnografische und Landwirtschaftliche Museum »Museu Agricola e Etnográfico« untergebracht.

111 Endstation Sehnsucht

An der Kapelle der Meerjungfrau Abschied nehmen

Noch einmal Südwestküste. Noch einmal sich vom Wind entlang der Küste treiben lassen, Klippen auf, Klippen hinab, zum Strand, durch Dünen, in Hafenbuchten spazieren. Wo Fischer obligatorisch mit Holzfällerhemd bekleidet im Mondlicht auslaufen, allein im Boot, dem Ozean die Stirn bietend, das Herz erfüllt mit Glauben an die Heilige Meeresjungfrau Maria zum Fischfang gehen. Ihnen noch einmal beim Einlaufen und Fischlöschen zusehen. José, João, Manuel mit »Bom dia« begrüßen.

Noch einmal in die Lieblingskneipe gehen, bei Dona Maria frische Muscheln in Olivenöl, mit gequetschten Knoblauchzehen und Koriander sautiert, mit den Fingern aus dem Sud fischen, das Muschelfleisch mit den Lippen naschen. Am Tisch mit Surfern, Wanderern und Verliebten zusammenhocken. Lachend Ideen wälzen, ernsthaft Träume beichten. Mit einem herben Roten aus Monsaraz anstoßen. Dem frischen Fisch vom Grill in die Augen blicken, die Gräten von Hand verlesen. Zur Kamelspucke-Karamellcreme bittersüßen Kaffee trinken, ein »Mosquito-Gläschen« Hochprozentiges von den Früchten des Erbeerbaumes dazu.

Ach komm, lass uns eine Runde drehen, zum Kirchlein der Meeresjungfrau, zu der die Fischer so inbrünstig beten. Auf dem Klippenrand die funkelnden Sterne auf der See, am Himmel zählen. Noch einmal der Milchstraße zuwinken. Von der Freiheit kosten und dem Universum leise versprechen, wiederzukehren.

In den Alentejo, mit seinen Burgen, Schlössern, Klöstern und Kirchen, den Höhlen und Hinkelsteinen, Handwerkern und Künstlern, an die magische Blaue Küste von Tróia, an die Seen und Flüsse von Melides bis zum Kap Sardão, bis an die schroffen Felsen von Zambujeira do Mar. Zurückkehren zu den Fischern, den Bauern, den Wirtinnen, den Bäckerinnen, den Hirten in das Land der Korkeichen zu all den aufrichtig herzlichen Begegnungen, die das Herz mit Fernweh erfüllen. Endstation Sehnsucht!

Adresse Capela de Nossa Senhora do Mar, Avenida do Mar, 7630-174 Zambujeira do Mar | Anfahrt A2 Grândola, A26 Sines, N120-1 Cercal, M554 Porto Côvo, CM1072, dann N390/ab Vila Nova de Milfontes dann N393 bis Odemira, weiter auf die N120 Lagos, in São Teotonio rechts nach Zambujeira do Mar abbiegen | Tipp Fisch vom Grill im Hafen »Porto das Barcas«, nördlich von Zambujeira an den Klippen gelegen, essen. Oder folgen Sie der Küstenstraße weiter nach Süden zum Endlos-Sehnsuchttanken bis zum Fischerhafen »Azenha do Mar«, wo man noch einmal im Sonnengang »Cataplana« (Fisch und Muscheln im Kupfertopf) genießen kann.

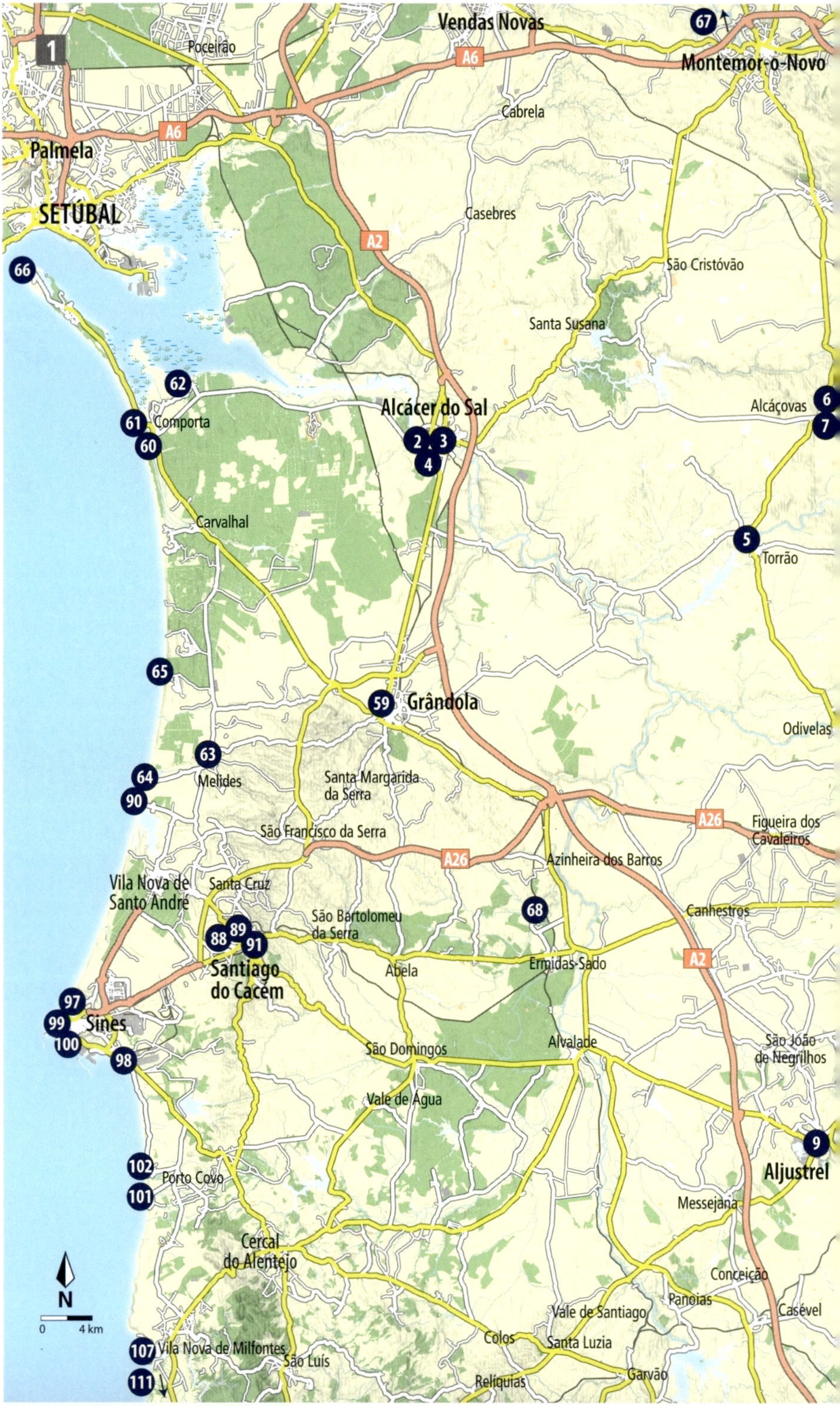
1
Vendas Novas
Poceirão
A6
Montemor-o-Novo
Cabrela
Palmela
SETÚBAL
Casebres
A2
São Cristóvão
Santa Susana
Alcácer do Sal
Alcáçovas
Comporta
Carvalhal
Torrão
Grândola
Odivelas
Melides
Santa Margarida da Serra
São Francisco da Serra
A26
Figueira dos Cavaleiros
Azinheira dos Barros
Vila Nova de Santo André
Santa Cruz
São Bartolomeu da Serra
Canhestros
Santiago do Cacém
Abela
Ermidas-Sado
Sines
São Domingos
Alvalade
São João de Negrilhos
Vale de Água
Aljustrel
Porto Covo
Messejana
Cercal do Alentejo
Conceição
Panoias
Vale de Santiago
Casével
Vila Nova de Milfontes
Colos
Santa Luzia
São Luís
Relíquias
Garvão
N
0 4 km
1 2 3 4 5 6 7 9 59 60 61 62 63 64 65 66 67 68 88 89 90 91 97 98 99 100 101 102 107 111

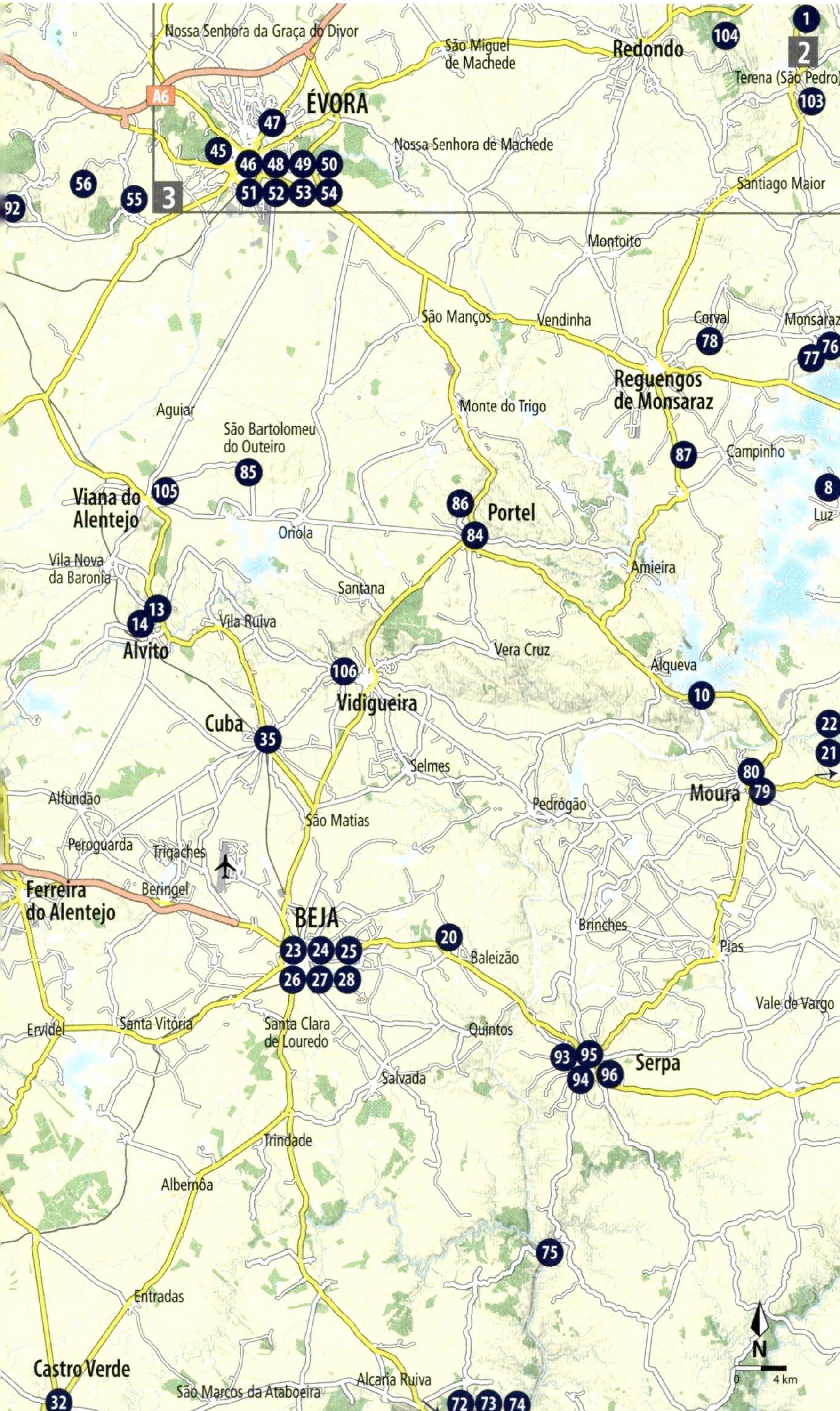

Nossa Senhora da Graça do Divor
São Miguel de Machede
Redondo
1
104
2
Terena (São Pedro)
103
A6
ÉVORA
47
Nossa Senhora de Machede
45
46
48
49
50
51
52
53
54
56
55
3
92
Santiago Maior
Montoito
São Manços
Vendinha
Corval
Monsaraz
78
76
77
Reguengos de Monsaraz
Monte do Trigo
Aguiar
São Bartolomeu do Outeiro
85
87
Campinho
8
Luz
Viana do Alentejo
105
86
Portel
84
Oriola
Vila Nova da Baronia
Amieira
Santana
13
14
Vila Ruiva
Alvito
Vera Cruz
106
Alqueva
Vidigueira
10
Cuba
35
22
21
Selmes
80
79
Moura
Alfundão
Pedrógão
São Matias
Peroguarda
Trigaches
Ferreira do Alentejo
Beringel
BEJA
20
Brinches
23
24
25
Baleizão
Pias
26
27
28
Vale de Vargo
Ervidel
Santa Vitória
Santa Clara de Louredo
Quintos
93
95
94
96
Serpa
Salvada
Trindade
Albernôa
75
Entradas
N
0
4 km
Castro Verde
32
São Marcos da Ataboeira
Alcaria Ruiva
72
73
74

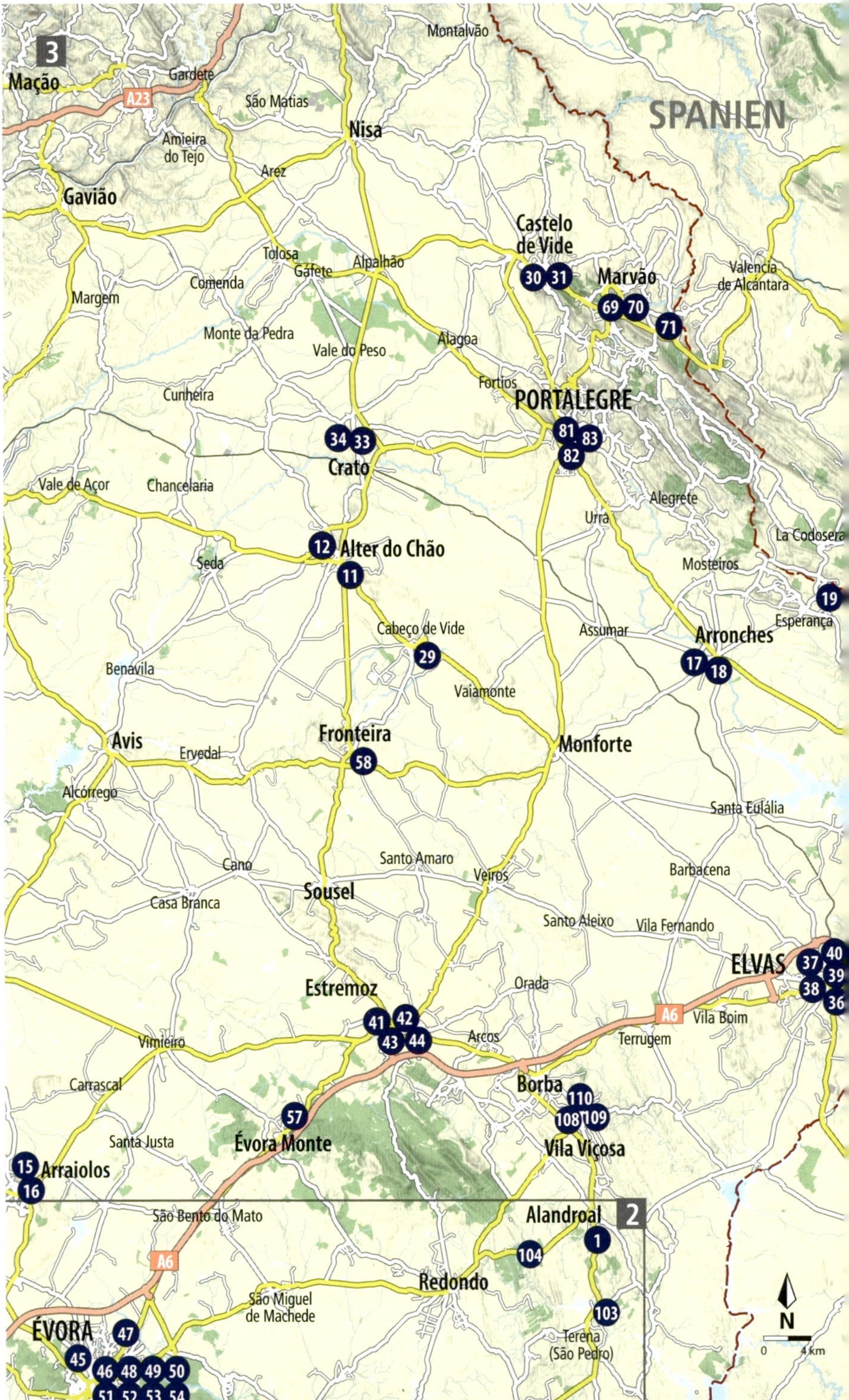
3
Mação
Gardete
A23
São Matias
Montalvão
Nisa
SPANIEN
Amieira do Tejo
Arez
Gavião
Castelo de Vide
Tolosa
Gáfete
Alpalhão
Marvão
Valencia de Alcantara
Comenda
Margem
Monte da Pedra
Vale do Peso
Alagoa
Fortios
PORTALEGRE
Cunheira
Crato
Vale de Açor
Chancelaria
Alegrete
Urra
La Codosera
Alter do Chão
Seda
Mosteiros
Esperança
Cabeço de Vide
Assumar
Arronches
Benavila
Vaiamonte
Avis
Ervedal
Fronteira
Monforte
Alcórrego
Santa Eulália
Santo Amaro
Cano
Veiros
Barbacena
Sousel
Casa Branca
Santo Aleixo
Vila Fernando
ELVAS
Estremoz
Orada
A6
Vila Boim
Vimieiro
Arcos
Terrugem
Carrascal
Borba
Santa Justa
Évora Monte
Vila Viçosa
Arraiolos
2
São Bento do Mato
Alandroal
A6
Redondo
São Miguel de Machede
ÉVORA
Terena (São Pedro)
N
0
4 km
1
11
12
15
16
17
18
19
29
30
31
33
34
36
37
38
39
40
41
42
43
44
45
46
47
48
49
50
51
52
53
54
57
58
69
70
71
81
82
83
103
104
108
109
110

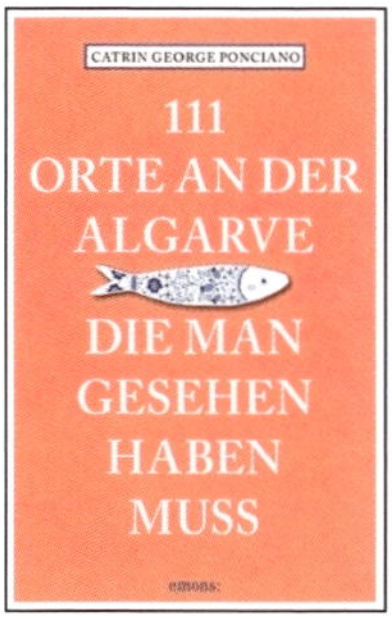

Catrin George Ponciano
111 Orte an der Algarve, die man gesehen haben muss
ISBN 978-3-7408-0362-9

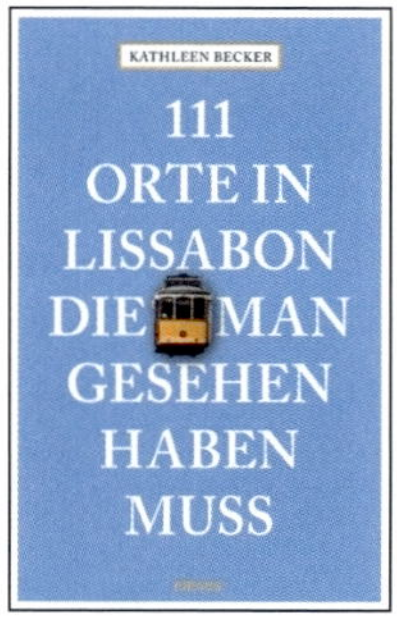

Kathleen Becker
111 Orte in Lissabon, die man gesehen haben muss
ISBN 978-3-7408-0244-8

Holger Grumt Suárez,
Rolando Grumt Suárez
111 Orte in Barcelona, die man gesehen haben muss
ISBN 978-3-7408-0994-2

Rüdiger Liedtke
111 Orte auf Mallorca, die man gesehen haben muss
ISBN 978-3-7408-0871-6

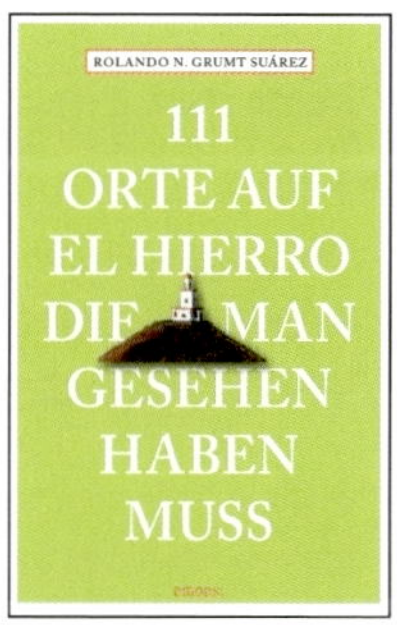

Rolando Suárez
111 Orte auf El Hierro, die man gesehen haben muss
ISBN 978-3-7408-0846-4

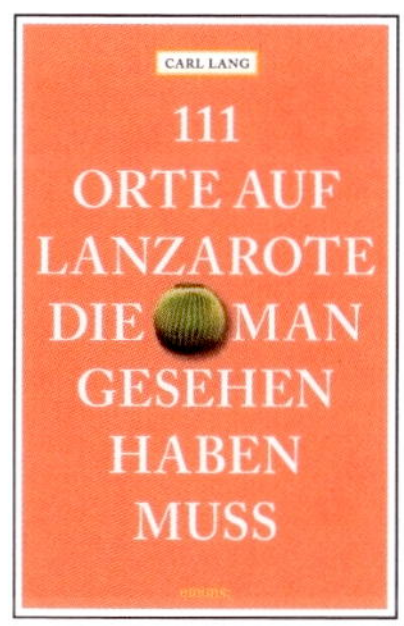

Carl Lang
111 Orte auf Lanzarote, die man gesehen haben muss
ISBN 978-3-7408-0836-5

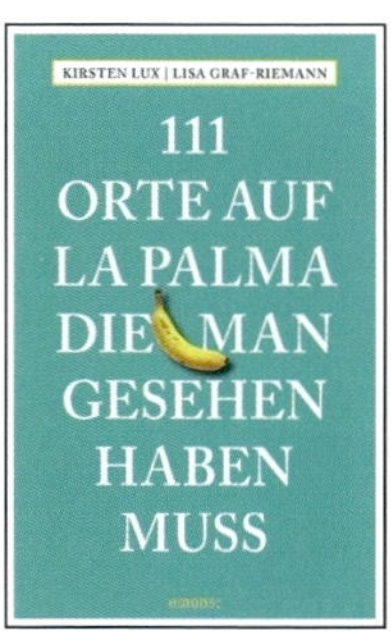

Kirsten Lux, Lisa Graf-Riemann
111 Orte auf La Palma, die man gesehen haben muss
ISBN 978-3-7408-0345-2

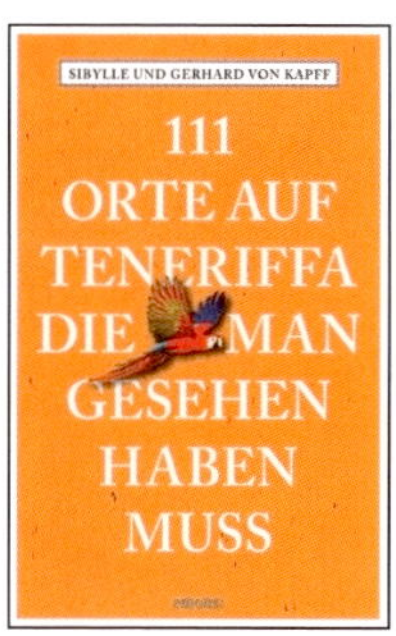

Sibylle von Kapff,
Gerhard von Kapff
111 Orte auf Teneriffa, die man gesehen haben muss
ISBN 978-3-95451-916-3

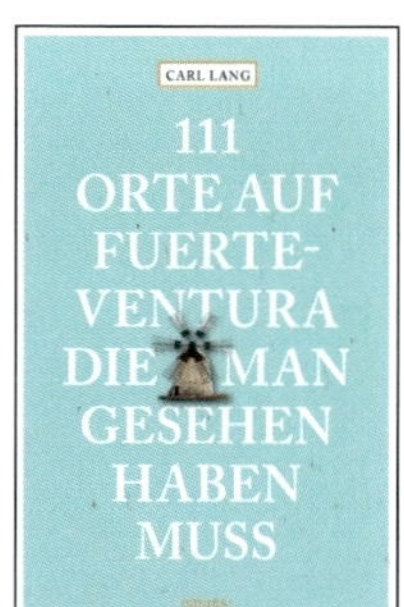

Carl Lang
111 Orte auf Fuerteventura, die man gesehen haben muss
ISBN 978-3-7408-0132-8

Dorothee Fleischmann,
Carolina Kalvelage
111 Orte an der Costa Brava, die man gesehen haben muss
ISBN 978-3-95451-561-5

Robert Zsolnay
111 Orte auf Ibiza und Formentera, die man gesehen haben muss
ISBN 978-3-95451-831-9

Evelyn Pschak von Rebay
111 Orte in den (französischen) Pyrenäen, die man gesehen haben muss
ISBN 978-3-7408-0562-3

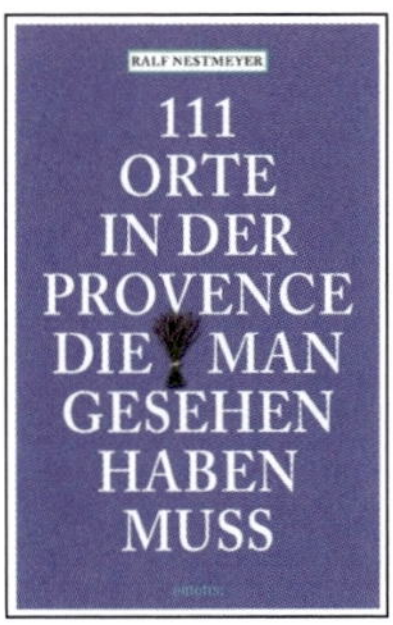

Ralf Nestmeyer
111 Orte in der Provence, die man gesehen haben muss
ISBN 978-3-95451-094-8

Ralf Nestmeyer
111 Orte an der Côte d'Azur, die man gesehen haben muss
ISBN 978-3-95451-563-9

Marcus X. Schmid,
Monika Steineberg
111 Orte in der Bretagne, die man gesehen haben muss
ISBN 978-3-7408-1371-0

Kay Walter
111 Orte am Canal du Midi, die man gesehen haben muss
ISBN 978-3-7408-1086-3

Hilke Maunder
111 Orte in Toulouse, die man gesehen haben muss
ISBN 978-3-7408-1091-7

Martin Roos,
Jean-Claude Bourgueil,
Tom Jasny
111 Orte in der Champagne, die man gesehen haben muss
ISBN 978-3-7408-1084-9

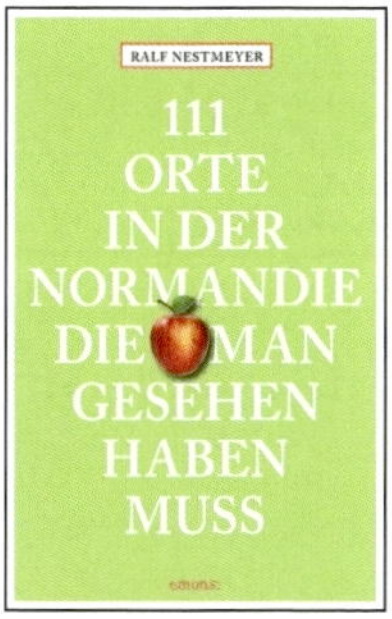

Ralf Nestmeyer
111 Orte in der Normandie, die man gesehen haben muss
ISBN 978-3-95451-839-5

Barbara Krull
111 Orte im Elsass, die man gesehen haben muss
ISBN 978-3-95451-596-7

Beate Giacovelli, Gaetano Adragna
111 Orte am Comer See, die man gesehen haben muss
ISBN 978-3-7408-1201-0

Franz Hlavac, Gisela Hopfmüller
111 Orte in Friaul und Julisch Venetien, die man gesehen haben muss
ISBN 978-3-7408-0575-3

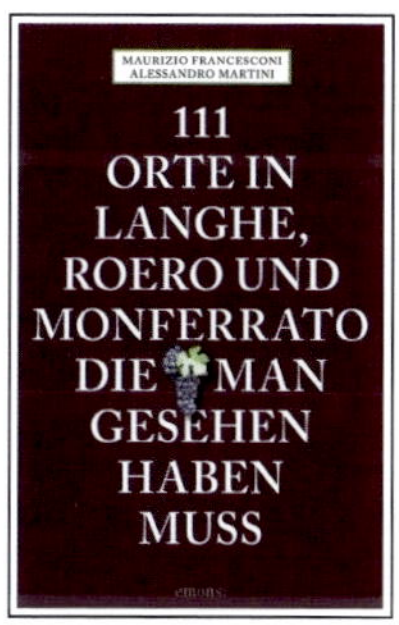

Maurizio Francesconi, Alessandro Martini
111 Orte in Langhe, Roero und Monferrato, die man gesehen haben muss
ISBN 978-3-7408-0474-9

Fabrizio Ardito
111 Orte in Umbrien, die man gesehen haben muss
ISBN 978-3-7408-0238-7

Marx de Morais
111 Orte in Turin und im Piemont, die man gesehen haben muss
ISBN 978-3-95451-736-7

Beate C. Kirchner
111 Orte in Florenz und im Norden der Toskana, die man gesehen haben muss
ISBN 978-3-95451-513-4

Petra Sophia Zimmermann
111 Orte am Gardasee und in Verona, die man gesehen haben muss
ISBN 978-3-95451-344-4

Danksagung

Dieses Buch ist im Lockdown 2020/21 entstanden. Meine Recherchearbeit fand am Computer statt und bremste mich oft aus, denn die wirklich spannenden Geschichten erzählen Menschen. Und die konnte ich pandemiebedingt monatelang nicht treffen. Mein aufrichtiger Dank gilt deswegen all den liebenswerten und hilfsbereiten »Alentejanos«, die mich analog in langen Telefongesprächen aus dem Heimbüro mit Informationen und mit Geschichten versorgt haben, die eben auf keiner Webseite stehen. Damit konnte ich *meinen* »111 Orten im Alentejo« genau den Geist einhauchen, der das Buch nun zum Leben erweckt. Dem Emons Verlag und Sonja Erdmann danke ich dafür, dass dieses Buch trotz Pandemie entstanden ist. Dem Layout-Team mit Ines Engbarth danke ich für die liebevoll visuelle Gestaltung des Buches, und dem Presse-Team für die gemeinsame und stets konstruktive Zusammenarbeit. Liebe Saskia Römer, Sie haben die Seele *meines* Alentejos gehört und dem Manuskript mit Ihrem kompetenten Blick als Lektorin dazu verholfen, ein besseres Buch zu werden. Dafür bin ich sehr dankbar. Meinen Mann liebe ich für seine Engelsgeduld mit mir, besonders während unserer Fotoreise. »Obrigada«. Liebe Marion, cara Anabela, caro José, caro Miguel. Eure Fotos machen dieses Buch noch schöner. Habt Dank für euren freundschaftlichen Einsatz! Mein letzter Dank gilt meinen künftigen LeserInnen. Möge mein Buch Ihnen den Zauber des Alentejo mit seinen liebenswerten Leuten aufzeigen – und nahebringen.

Danksagung Fotogenehmigungen:

Arronches, »Museu (A) Brincar«; Luis Pedra, »As Roncas d Elvas«;
Câmara Municipal Portel – »Capela de Sãp Pedro«;
CITA- Teppichmuseum und Rathaus Arraiolos;
Escola da Olária – Crato; Oficina de Turismo in Castelo de Vide;
Direcção Geral de Cultura de Alentejo – Gruta Santiago de Escoural;
»Mizette« Boutique Monsaraz;
Klosterkonditorei »Pão da Rala« – Évora;
Cábido de Sé – Kathedrale Sé de Évora; Museu Berardo – Estremoz;
Afonso Ginja, Bonecos de Estremoz – Kunsthandwerkwerkstatt;
Turismo de Alvito; »Paços dos Henriques«, Alcáçovas;
»Fábrica Chocalhos Pardalinho«, Alcáçovas;
Câmara Municipal de Alcácer do Sal – Gabinete de Turismo

Catrin George Ponciano, 1967 in Bielefeld geboren, ist seit 1999 in Portugal beheimatet und arbeitet als freiberufliche Journalistin und Schriftstellerin. Die ehemalige Küchenchefin legte 2006 das Messer aus der Hand und nennt seither einen Stift ihr Werkzeug. Portugal ist ihr Thema, journalistisch, essayistisch, belletristisch. Bisher erschienen von ihr mehrere literarische Reiseführer, unter anderen »111 Orte an der Algarve, die man gesehen haben muss« in deutscher und englischer Ausgabe sowie Kochgeschichten aus der Algarve. Poncianos Essay »Das Lissabon des Fernando Pessoa« führt Lesende durch das Lissabon des weltberühmten Dichters von vor hundert Jahren. Ihr Portugal-Krimi-Debüt »Leiser Tod in Lissabon«, wurde 2021 mit dem »Wittwer-Thalia-Debütkrimipreis« der Stuttgarter Kriminächte e.V. ausgezeichnet. Poncianos Portugal-Noir-Reihe findet im Herbst 2022 Fortsetzung. Gemeinsam mit ihrem Mann lebt die Autorin an der Algarve.